邪馬台国《やまたいこく》は大和《やまと》
卑弥呼《ひみこ》は百襲姫《ももそひめ》

歴史は捏造される

矢吹晋

未知谷
Publisher Michitani

序——なぜいまヤマタイ国なのか?

畿内か。北九州か。いわゆるヤマタイ国論争の元兇は、一九一〇年にある。

明治維新以来、日本の知性は、クニの行方を煩悶して「脱アジア病」に罹患する。この熱病の主症状は、領土拡大願望であった。植民地領有こそが帝国主義国として自立する必須要件と考えられたのである。一九一〇年の日韓併合は、一八六八年の明治維新から数えて四二年目、一九四五年の敗戦に先立つこと、三五年。このとき、「脱亜入欧」を叫ぶ病魔の猛威は頂点に達した。

「ヒミコのヤマト」を九州に追放する一九一〇年提案は、白鳥庫吉《くらきち》(一八六五〜一九四二)の創意による。白鳥は東京帝国大学に東洋史学科を創設した人物である。白鳥の邪馬台国=九州説は東洋史の新学問を装って発表されたが、典型的な歴史の捏造学説であることは本書で論証する通りである。

『魏志倭人伝』に書かれた「鯨面文身《げいめんぶんしん》」は、タトゥー(入れ墨)文化を意味する。しかし、タトゥーは帝国主義国たらんとするクニのご先祖として相応しくない——という強迫観念にとりつかれた。東アジア世界では、タトゥーは「受刑の象徴」である。「刺字といって、臂、面等に入れ墨する一種の鯨刑も、五代や遼宋金元明清に行われた」（仁井田陞『中国法制史』岩波全書）という史実に鑑みて、『魏志倭人伝』の「鯨面文身」をヤマト国とは無縁のものとする誘惑に取りつかれたのである。しかし、この妄想というほかない白鳥説は、人々の理性を奪って、たちまち一世を風靡してしまう。脱アジア病に毒されて韓国併合を急ぐ、一九一〇年という時代の空気というしかない。

この脱アジア病の発作には、前史がある。その源流となっているのは福沢諭吉が一八八五年三月一六日付けの『時事新報』に書いた「脱亜論」である。未開のアジア諸国との連帯は論外で、日本は文明化された西洋を模倣摂取して西欧列強同様の道を邁進すべし……と説いた。

もちろん、後史もある。妄想は、妄想を生み続ける。たとえば、一九三七年に津田左右吉が書いた『シナ思想と日本』（岩波新書）。瑕疵はあるにせよ第一級の貴重史料である「記紀」を捏造文書の如く扱う歴史家とも思えぬ津田の対応は、その後の学界に禍根を残すことになる（「アジア蔑視論と和魂漢才」『矢吹晋著作選集』第五巻所収。なおこのような帝国主義史学への逆流に抗して、朝河貫一が提起した韓国併合反対論の骨子は本書一一一頁で紹介した。朝河史学については、『矢吹晋著作選集』別巻「朝河貫一顕彰」もご参照願う）。

もう一例あげておこう。白鳥庫吉の弟子・原田淑仁《よしと》（一八八五〜一九七四、東京帝国大学教授）は一九三四年に中国の渤海上京城を調査して、日本最初の貨幣「和同開珎」を発見した……と発表したが、これは「日本人が和同開珎を持ってきて埋めた」スキャンダルにすぎなかった。

アジアに誕生した小帝国は、膨張に膨張を重ねた挙句に敗戦し、ポツダム宣言という鉄槌が下される。これによってヤマタイ国の所在論争もようやく正当化の契機を得て本筋に戻るかに見えたが、結局のところ、根深い脱アジア病の体質改善をもたらすには至らなかった。

二一世紀も早や四半世紀を経過しつつある今日、いわゆる「台湾有事論」に代表される「令和ファシズム」と呼ぶべき日本ナショナリズムが復活しつつあるが、これも脱アジア病の発作再発の一例として解釈すべきだろう。

日本の衆参両院は、相次いで中国非難決議を超党派で採択し、衆愚政治の愚かしき核心を暴露している。一九三八年に近衛文麿内閣の発した戦争拡大発言＝「日中戦争の解決に中国を相手にせず、東亜新秩序建設を目的とする」を彷彿させる。

岸田文雄政権はG7議長国として広島サミットを開いて大騒ぎを演じたが、G7すなわち旧帝国主義連合の弱体化は覆い難い。たとえば、世界銀行・国際通貨基金の統計などから今後五年間の世界経済GNP成長への寄与率（ストックではなく、フローの伸びしろ）を見てみると、G7（アメリカ、ドイツ、日本、イギリス、フランス、カナダ、イタリア）の合算は一九・二ポイントに過ぎない。中国は一カ国で二二・六ポイント。G7が束になっても中国一カ国に及ばない。さらに、中国、インド、インドネシア、トルコ、ブラジル、エジプト等のグローバルサウスを合計すると、四九・四ポイント。世界経済成長への寄与率は、グローバルサウス諸国で五割。旧帝国主義国七ヵ国で二割。これが今日の世界経済の構図である。

現代資本主義の弱体化、衰弱傾向は覆い難い。勃興する「令和ファシズム」の背景には、脱アジア病を克服できない日本帝国主義の坂道を転げ落ちるような衰退過程があることを忘れてはならない。

ヒミコを九州に追放する妄想は、数々のエピゴーネンを生み出し続けて、今日に至る。いまこそ、夜郎自大の帝国主義史学の妄想からこの国を解き放ち、ヒミコの魂をヤマトに返すべき秋《とき》である。中国の史書と日本書紀に対する徹底的な読み直しが喫緊の作業であろうし、近年の墳墓発掘の成果に照らした科学的な古代史執筆こそが求められている。

東アジア世界に即して、内外整合的な日本史を描く千載一遇の好機だ。何よりもまず脱アジア病という心の闇を直視して、そこから治療を始めよう。

（二〇二四年六月）

邪馬台国は大和　卑弥呼は百襲姫

目次

邪馬台国《やまたいこく》は大和《やまと》
卑弥呼《ひみこ》は百襲姫《ももそひめ》

＊歴史は捏造される

はじめに

中国を知るために、中国語を学ぶ

一九五八年春、私は駒場キャンパスで第二語学の選択を迫られた。ドイツ語を選ぶ学生が圧倒的に多く、残りの少数派はフランス語を選んだ。そのいずれに加わるか迷っているうちに、中国語というチョー少数派の選択コースに気づいた。これは何か、興味本位で丸を付した。実は高校時代から独仏を学んできた松本深志高や暁星学院出身の学友が少なくないことを知り、彼らと競争させられてはたまらないという負け犬意識が一方にあり、他方で中国の新聞・雑誌を読むには中国語を学ぶ必要がある事実を浪人時期に教えられたことがもう一つの理由だ。それを教えてくれたのは、下宿先に出入りしていた早稲田大学哲学科出身の左翼活動家である。

さて、教室に出てみると、中国語を選んだのは、二〇〇〇名中の一五名、一％に満たなかった。教室に出てくるのは、数名しかいない。時は六〇年安保の前夜であり、デモ予定日は出席者二〜三人のこともあった。そうした場合には、外部から来られる非常勤の先生に電話して自主休講をお願いした。このような中国語教室の主任が工藤篁《たかむら》教授（一九一三〜七四）である。駒場には三奇人・四奇人などと渾名される名物教授がおられたが、工藤さん（われわれ学生はこう呼んだ）は中でも、最も風変わりな印象を与えた。それは彼が孤軍奮闘せざるをえない立場に発するものであった。たとえば、工藤さん曰く――私は上原淳道[*1]ほど左翼じゃない、衛藤瀋吉[*2]ほど右翼じゃない、西順蔵[*3]ほどヘンクツじゃないよ。

＊1　うえはらただみち（一九二一〜九九）は、中国古代史専攻。上原専禄の長男として東京府北豊島郡滝野川に生まれる。一九四二年東京帝国大学文学部東洋史学科へ入学したが、一九四三〜四五年学徒兵として従軍。戦後、一九四八年に東京大学卒業、同大学院に入学。五三年より母校の専任講師となり、五五年助教授、六七年教授。八二年に定年退官。名誉教授の称号を辞退し、その後は関東学院大学教授として教鞭をとった。一九九九年、脳出血により逝去。人物・研究活動、中国史学者であったが、一度も中国大陸へ渡らなかった。一九六一年フォード財団、アジア財団（The Asia Foundation）の日本での中国研究者資金供与問題では、強く反対した。「読書雑記」として、一九六三年から死去まで毎月ガリ版刷（のちコピー）の一枚通信を刊行し続けた。「読書雑記」は上原淳道が信頼できると判断した人にしか送付されず、信頼できないとみなされた者は途中で送付を打ち切られたという。没後に勝子夫人により私家版で、全四四一号を複写収録した単行本が発行された。著書『政治の変動期における学者の生き方 上原淳道著作選2』研文出版一九八〇年、『「夜郎自大」について上原淳道著作選1』研文出版一九八二年。『上原淳道中国史論集』汲古書院、『上原淳道読書雑記』上原勝子二〇〇一年翻訳。郭沫若『中国古代の思想家たち』岩波書店一九五七年。出典、山根幸夫「上原淳道氏の思い出」『続中国研究に生きて』より。

＊2　えとうしんきち（一九二三〜二〇〇七）は、日本の国際政治学者。専門は、中国を中心とする東アジア政治史、国際関係論。東京大学名誉教授、亜細亜大学名誉教授。亜細亜大学学長、東洋英和女学院院長を歴任。経歴・人物：一九二三年、旧満州奉天（現・瀋陽）生まれ。東京大学教養学部助教授、教授を歴任。一九八四年名誉教授。東大退官後、青山学院大学国際政治経済学部教授、亜細亜大学学長、東洋英和女学院院長を歴任。二〇〇七年逝去。清朝末期の中国政治外交史研究からスタートし、国際関係論研究に進む。当時米国の国際関係論研究で導入されはじめた先進的手法を応用した研究を行なう一方で、論壇における活躍でも知られた。

＊3　にしじゅんぞう（一九一四〜八四）は、中国思想史家、一橋大学名誉教授。広島県生まれ。旧制広島高校を経て、一九三七年に東京帝国大学文学部支那文学哲学科を卒業し、同大学院に進学。卒業後は一九三八年、文部省国民精神文化研究所助手に就任。一九四二年京城帝国大学文学部助教授を経て、四四年に京城で大日本帝国陸軍第49師団歩兵第106連隊に二等兵として三ヶ月入隊。四六年、第二次世界大戦終戦にともなう京城帝国大学廃止により退官。日本へ引き上げ、同年東京産業大学（現一橋大学）予科教授に就任。四九年に一橋大学社会学部助教授、五八年同教授に昇格、六六年一橋大学第六代社会学部長。一九七八年に定年退官して名誉教授。その後は和光大学人文学部教授。戦後昭和における近現代中国思想史研究の開拓者の一人であり、アンソロジー『原典中国近代思想史』（旧版全六冊、岩波書店刊）の編集を単独で担当したことで知られる。また、在日アジア人差別などの社会問題に関心を抱き、反差別の市民運動にも積極的に参加した。著書『滿洲國の宗教問題』（大東亞文化建設研究・第四冊）國民精神文化研究所、一九四三年五月『中国思想論集』筑摩書房、一九六九年、『日本と朝鮮の間　京城生活の断片、その他』影書房、一九八三年八月。『西順蔵著作集』（全三巻・別巻一）、内山書店、一九九五年〜九六年、同刊行委員会編、別巻は「西順蔵人と学問」。

東大駒場では、三〜四年生を教える後期課程のあり方について百花斉放《ひゃっかせいほう》であった。当時上原淳道の主唱するアジアアフリカ学科構想と衛藤瀋吉の主唱するアジア学科構想が激突した結果、結局はアジア科に落ち着き、中国学科構想は流産した。アメリカの文化と社会に始まり、ドイツ、フランス、スペイン、ロシアと続く「文化と社会コース」は、中国をスルーして一挙にアジアに飛んだ。今日、グローバルサウスの勃興が話題の中心になっているが、先見の明があったのではない。半世紀以上昔に中国コースをスルーした結果、中国研究の混迷を招いている現実に照らして、工藤さんの悔しい顔が彷彿する。今年（二〇二四年）は工藤篁没後五〇年である。

曰く――戦前の知識人ってのは、外国語は英、独、仏であって、中国語のクラスがあるなんてことはね、実に「選ぶ奴もすっとん狂だし、教える奴もどうかしてしている」「そういう制度を許す奴もどうかしている」というような雰囲気があった。――というのは、当局なり、教育者なりがね、「漢文があるじゃあないか」、とこう言う。なるほど、漢文は必修であってね、制度が変わって、あらゆる日本全国の高等学校は、今は必修になったそうだ。だから、日本の知識人は、みんな漢文を通じて、中国を考える。これは非常に困る。というのは、漢文の目的は、中国を認識させるためにある教科じゃない。日本の古典だね。

日本の古典の一つの範疇として漢文がある。ところが、漢文の先生、自信がなくなってくるとね、少し北京語の発音でもやってね、教室でテープレコーダーでもかけてね、そしていかにも漢文をやれば毛澤東の詩詞がわかるようなことを言う」。

工藤さんは中国語専任がわずか一人、漢文専任が三人という教員構成はどうみても奇怪な編成だと漢文教育の弊害を厳しく攻撃した。私自身は一～二年生当時、教室にはほとんど出席しないが、恒例の那須合宿には、欠かさず数回参加した。ランプ生活の那須《なす》三斗《さんど》小《ご》屋《や》温泉《おんせん》で自炊生活をしながら、中国語の集中講義（①工藤さんの独特な講義と②先輩が後輩を教えるチュートリアル＝小先生、から成る）をおこなうもので講義も、浴槽での仲間との語らいも実に素晴らしい体験ができた。

工藤さんの講義は伝説的な〝三行主義〟だ。テキスト選択にはこだわらなかったが、どんな場合もテキストの講読は三行以上進まないことが多かった。脱線、脱線の連続で、トピックは無軌道に飛ぶ。とはいえ、決して漫談ではない。中国人のモノの考え方、発想が日本人と似て非なる部分を拡大して、なぜどこがどのように異なるのかを、様々な視点から解説して下さった。

一例を挙げよう。「瓜田《かでん》に履《くつ》を納《い》れず、李下《りか》に冠を整《ただ》さず」の解釈。後半の冠を正さないのは誰でも分かる。「瓜田に履を納れず」と訳すのは、ミスリーディングだ。これでは瓜を盗めない。泥棒は音をたてないように素足で瓜田にはいるもの。瓜田から出る際に、再び靴を履く、と動作を説明して、「瓜田に履を履かず」と古人は表記した。瓜田に入る、入らない、とドロボーの行為を一般的・概念的に捉えるのでなく、「履く、履かない」（靴を脱ぐ、脱がない）という個別的動作から認識する。動画のストップモーションのようにドロボーの行為を手振り口ぶりで解説するのが工藤流であった。この動作に着目した工藤流の動詞主体型描写が最も効果を発揮する分野が性愛技巧であることは明らかで、『金瓶梅』を読みながら、情緒的に描く日本文学とチョー具体的に細部を描写する中国文学の世界に若者は心を奪われた。

もう一例を挙げよう。毛沢東の「沁園春・雪」と題する詞は、中央紅軍という敗残部隊を率いて辛うじて陝西省北部にたどり着いた一九三六年二月に詠まれた。〈北国の風光〉、という冒頭一句に始まり、〈風流の人物を数えんには、なお今朝を看よ〉と結ぶ、この詞は、詠まれた一九三六年二月の情況を考えると、革命家・毛沢東の真面目を示す一首だ。この詞の解読は、さまざまに行われてきたが、工藤さんが指摘したのは、『詩刊』主編・臧克家《ぞうこっか》（一九〇五〜二〇〇四）の提案した「腊像」二文字を、新体詩的に「蜡象」と修正することの是非である。毛は当初難色を示したが、結局は「若い世代への悪影響を考えて同意した」。旧体詩家・毛沢東のその心情を、唐詩宋詞のチョー専門家工藤さんは私一人を相手に滔々と論じられた。「山には銀蛇舞い、原には白象駆せ」の「腊像」とは、唐代に真腊国（カンボジア）から朝貢された、珍しい白象をイメージするのですよ、分かりましたか、矢吹大将。下北沢の場末のバーで受けたこの個人講義は、終生私の耳朶に残る。

　駒場寮の一角に建つ工藤研究室には暇があると訪問し、奇妙な師弟関係を築いた。旧台北高OBの数名の、小山捨松老教授を囲む同窓会「伊東温泉連歌の会」も忘れがたい。ある夏休み、小豆島から阿蘇山麓の国民宿舎に至る九州への、奇妙な師弟の弥次喜多道中も忘れがたい。その旅費は、二つの地元高校での「大学案内」から得た。矢吹が前座を務めて、工藤篁教授を紹介し、次いで、教授の中国文化講演となる。ところが次の高校では、矢吹の「受験・大学生活案内」がメインとなった（矢吹大将、キミのスピーチの方が高校生から喜ばれるからね）。そこで徹底的にたたき込まれた、あるいは私が学びとったのは、いわゆる漢文は日本語の一部分である。中国の書物を読むには、漢文訓読方式には限界がある（いわゆる虚字のように、読めないからとばしてしまうのは、原意のニュアンスがとらえられない）、古典を含めて中国語で書かれた書物は中国語として読むのが正統・正当である、という基本スタンスであった。とはいえ、ここで教えられたのは立場の重要性に止まる。中国語の読解能力は、ほとんどゼロに近く、後年アジア経済研究所の派遣員として、建国まもないシンガポール南洋大学南洋文化研究所や香港大学アジア研究センターでの二年間の遊学を経て、ようやく使い物になる中国語（若干の広東語、マレー語、ロシア語を含む）を身につけた次第である。

要するに、中国語を習得したのは、アジ研時代だが、これに先立って、「中国語を学ぶ意味」を教わったのは、工藤さんの優しい毒舌を含む、事実上の個人教授を通じてであり、これは私にとって終生の得難い財産となった。とはいえ、その効用に気づいたのは、八〇年代にエッセイを書いた当時であり、いよいよ確信を深めたのは、二〇〇八年、初めて『魏志倭人伝』『後漢書』等を拾い読みした時である（なお、香港大学時代には、王力著『古代漢語』を拾い読みし、また橋本万太郎教授夫妻との交友を通じて「漢語と漢民族の形成」を教わったことも忘れがたい。その一端は『巨大国家・中国のゆくえ』東方書店一九九六年に記した）。

中国語を学ぶ効用——八〇年代に書いたエッセイ数篇

A　**清岡卓行『初冬の中国で』のいたましい瑕疵**＊ピンインの功罪1

敬愛する詩人清岡卓行が『初冬の中国で』（青土社、一九八四年九月刊）と題する新詩集において試みた手法についてこう語っている。――この手法とは、作品のリアリティのために、中国語の単語または語句を原音のルビつきで適宜に、ただし最小限に挿入するやりかたである／中国語の挿入において、単語がキーワードに近く用いられている詩が三編あり、単語または語句が雰囲気を助勢する効果物のように用いられている詩が六編ある／私は自分のことながら、おやおやこの人は中国にちょっとのめりこんでいるぞと思った（『朝日新聞』八四年一〇月一五日）。

――中国語の単語が原音のルビつきでキーワードに近く用いられている三編の詩では、その単語が題名そのものにも、あるいは題名の一部にもなっている／こうなると、詩にこの原語〔「窰洞（ヤオトン）」を指す〕を原音で用いるよりほかはない／ここでも、京劇の長い伝統に敬意を表し、稽古場とはいえ舞台の実感に執するかぎり、翎子（リンツ）という原語を原音で用いるよりほかはないと思われたのであった（同紙、一〇月一六日）。

――和語と日本語化した漢語で織りなされるのが原則である日本の現代詩において、ふつうの日本人になじみのない中国語の単語や語句を原音のルビつきで挿入すると、それが仏語や英語などほかの外国語にはない〝新鮮な懐かしさ〟とでもいった魅力を示すことがありうることはすぐ想像できよう（同紙、一〇月一七日）。

日本語と中国語のビミョーなところでいつも悩まされている私は早速この詩集にとびつ

いた。最高級の芳醇なブランデーに酔うがごとく時を忘れて読み進めたが、九七頁に至って、勤務先の学生食堂の水のごとき茶を飲まされた感じになった。

――鸚鵡含愁思という杜甫の起句に「インウーハンチョウシー」とルビがふられ、――聡明憶別離という承句に「コンミンィーピエリー」とルビがふられていたのである。「鸚鵡含愁思」は詩人が天壇の回音壁で「片言の中国語で言ってみた」五言であり、「聡明憶別離」は「電話の声のようにではなく、風のように伝わってきた」「ふしぎな音波」である。だからこそなんともムザンなのだ。詩人はそのとき「恍惚となった」由だが、私はここで恍惚からさめた。

中国語の「思」は「シー」ではなく「スー」と発音する。この単純きわまりない、児戯にも等しい教学工作こそ私の職業だが、わが学生諸君は容易にそれをのみこんで下さらない。二年生になっても相変わらずスーをシーにまちがえる学生をつかまえて、大声で怒鳴りちらし、自己嫌悪に陥り、ショーチューを飲むのが私の教師生活である。「スー」を「シー」にまちがえるのはなぜか。日本で行われている圧倒的多数の教科書が中国で定められたローマ字表記（ピンインという）をもちいるからだ。この場合「思」はsiとルビがふられる。シーはxiである。ヨソの学生のことは知らぬが、わが学生諸君に関するかぎり、英語を学ぶのが精一杯であって、第二外国語をやる知的キャパシティはほとんどないように見受けられる。そういう学生（率直にいえば英語もロクロクできぬ学生ということ）に対して、英語と似るがごとく、似ざるがごときピンインは百害あって一利なしだ、と私は確信している（と書きたいところだが、浅学非才の身を反省し、ここで声を小さくする）。

中国人がまず耳から音をおぼえ、そのあとで音を整理し、思い出す手段としてピンインをもちいるのはきわめて有効であろう。同じことは、まず耳から音をおぼえる、英語を知らぬ日本人中国語学習者についても、あてはまる。事はローマ字にトコトン慣れている欧米人にもあてはまるかもしれぬ。しかし、わが教室ではオーラル・アプローチには限界があり、学生は共通一次のおかげで英語に汚染されており、最後に最も遺憾なことだが私は教育意欲をほとんど失いかけている。

話をもとに戻そう。大詩人の意欲作において、「思」が「シー」となり、「聡明」が「ツォンミン」でなく「コンミン」となりはてたのは、ローマ字 si、congming を英語風に読みちがえたのだ。画竜点睛を欠くこのミスのなかに、①平均的日本人（学生、編集者、校正者）にとってのピンインの難点、②「中国にちょっとのめりこんでいる」ほどの高級知識人の中国語理解の限界を感じて淋しくなった次第である。

（初出『蒼蒼』第三号、一九八五年一月）

B　**中薗英助『何日君再来物語』を読む＊**日本語化した漢字の弊害

友人の示唆で、中薗英助『何日君再来物語』（河出書房新社、一九八八年二月）を読む。読み終わったときに「日中愛の歌に感慨」なる小さな記事に接した（『朝日新聞（夕刊）』八八年四月二六日）。朝日が取り上げ、ＴＢＳテレビでも放送され（この本の帯による）大モテである。一〇年前に香港で一人暮らしをしていたときによく聞いたカセットの一つがテレサ・テンの「何日君再来」である。彼女が歌唱力抜群のタレントであることを教えてくれたのは、『東京新聞』の丸山寛之特派員であった。彼は手料理が大好きで、私はおいしい手打ちうどんをご馳走になりながら、よく中国系女流歌手たちの品定めを聞かされたものである。といった次第で、この本に出てくる奚秀蘭（ステラ・チー）のカセットも持っているし、それに周璇の映画「馬路天使」も見ている。つまり、私の香港シングル・ライフはこの歌のリバイバル状況のなかに置かれていたために印象が深かった。蒼蒼社からブックレットを出すに際して「テレサ・テンの鼻唄混じり」と書いたのはこのことにほかならない。

さてこの本の話だが、著者は青春を大陸で過ごした。著者のナツメロ・ルーツ探しはレトロ感傷旅行であり、最後に意外な、しかし私のような文革時代の記録をたくさん読んだものには「さもありなん」と納得させるドンデン返しもあって面白く読んだ。しかしどうにも後味が悪い箇所があるので書き留めて置く。

「麗君ことテレサ・テン」とあるが（九頁）、前者が本名、後者が芸名であるから、「テレサ・テンこと麗君」と正しく書くべきであろう。

「真教我啼笑皆非」（八九頁）という一句を「わが泣き笑いのみな非なるを教えたまえ」と迷訳していますが、おかしいですね。「ホントに私を泣くに泣けず笑うに笑えぬ心境に追い込む」でしょう。「教」は使役、「啼笑皆非」は「せっぱつまる」という意味の成語ですね。

「何日君再来」の四番目の歌詞の最初の二行は「停唱陽関畳、重擎白玉杯」です。これを著者は「立ちて陽関畳を唄い、幾度か白玉の別杯をあげ」と訳していますが（一一二頁）、どこから「立ちて」などという訳語が出てくるのでしょうか。これは「陽関畳を唱うのを停め、重ねて白玉の杯を挙げる」でしょう（同じ訳が一六七頁、二一七頁にも出てくるところを見ると、著者はこの迷訳がだいぶお気に入りらしい）。要するに、「陽関畳を唱いながら酒を呑むこと」は不可能ですから、「唄を停めて、さあ呑みましょう」ということでしょう。

もう一つ。同じ唄の四番二句は「殷勤頻致語、牢牢撫君懐」ですが、「懇ろに慰めの言葉重ね、しっかりと君がみ胸撫でん」と訳しています（一一三頁）。問題は「撫君懐」ですが、「み胸撫でん」とは、いささかポルノチックじゃありませんかね。「懇ろに言葉をかけ、しっかりと君の胸中を慰問する」でしょう。「み胸」と「胸中」、「撫でる」と「慰問」は大違いです。元来、この雅語は男同士の友情を歌っているのですよ。テレサ・テンの甘い声に引きずられてはいけませんね。

もう一つ。田漢の作詩した「四季歌」の訳語のことです。四番目の第三句は「江南江北風光好、怎及青紗起高粱」ですが、「川の北も南も景色よく、なぜ着物よりも高粱高い」と訳されています（一六一頁）。著者は「田漢の作詩した〝四季歌〟の歌詞は、いったいなにをうたおうとしたのか。故郷を失った東北人民が、知らぬ他郷をさまよう痛苦をうたい、また日本軍に抵抗する心情と希望とを表現したものだという」（一六一頁）と書いているところから察するに、歌詞のテーマは正確に理解しておられるようですが、その理解が歌詞に現れていないのは残念ですね。「青紗」は単なる着物ではなく、「高粱畑の紗のカーテン」ですから、江南の景色がどんなに美しくとも、［故郷の］高粱畑には及ばない」の意ですね。神田千冬さん（日中学院講師）は「江南の景色は美しくとも、いかでか及ばんあのコーリャン畑に」と名訳しています（NHKテレビ『中国語テキスト』八七年一二月号）。

著者が「八年の歳月をかけ、ミステリアスな謎を追求した渾身のドキュメント」（帯のコマーシャル）だけに、私はなぜか物悲しくてならないのです。老酒に砂糖を加えたような、あのいいようのない不快感が残ります。とかく漢字で書いてあると、「わかったつもりになる」のが、日本人のどうにもとまらないビョーキです。

（初出『蒼蒼』第二〇号、八八年六月）

C　近ごろ気になる中国語の原音主義表現＊ピンインの功罪2

その昔、私は香港で、かの田中清玄を怒らせたことがある。さる人が私をレストランに招待し会わせてくれたのである。この大物、初めて中国を訪れて、鄧小平から親しく会見を賜り、感激さめやらぬといった感じであった。鄧小平の近代化政策、開放政策はホンモノであるから、日本としても極力助けるべきである、と彼は力説した。むろん私もこの高見には大賛成であり、意気投合した。ただ、私は彼のある発音が気になってつい、からかってしまったのである。彼は「デンさん、デンさん」と繰り返す。初めは田某のことかと錯覚していたのであるが、このデンさんこそ鄧小平を指していたのである。Mr. Deng をデン、デンと読んだわけである。少し聞きづらいですよ、とご注意申し上げると、大抵はデングさん、デングさんとなるのが常である。まさか天狗じゃあるまいし。

もし Mr. Deng をトン・シアオピンと正確に発音したいのなら、中国語の音を学ぶべきであろう。ピンインを英語式に読めば、通ずるかのごとき錯覚しか持ち合わせない人物の中国理解を私は疑うのである。もし正確に発音できないのならば、トウ・ショウヘイ（あるいはト・ショウヘイ）と日本語で正確に読むべし。

昨夜はNHK「大黄河」の映像に魅せられたが、大好きな緒形拳のナレーションが「イーシェンテン」と言うのを聞いてがっくりした。「一線天」（イッセンテン）と日本語読みでよいではないか。もし原音を用いたいのなら、四声を三分間練習せよ。これはむろん緒形ナレーターではなく担当ディレクターの文化水準を示している（ついでに声を低くして言いますが、いつぞやの漢文の先生の中国語はひどかったですなあ。某テレビの某講座で漢詩を勉強したときの印象ですが、四声がかなりズレていた。たいへん学のある学者なのに惜しいですね。もっとも中国の大政治家たちのお国なまりも相当きついから、それよりはマシかもね）。

（初出『蒼蒼』第一九号、一九八八年四月）

D　恐ろしきものは、幽霊か、日本語か＊日本語化した漢字の弊害2

暑い夏休みだが、避暑地へ行くような優雅な身分ではないから、寝そべって『鄧小平文選』を読む。引用の必要を感じて、念のため「東方書店＋北京外文出版社（共同出版）」の邦訳書を開いて驚いた。

「軍隊を整頓する任務」（一九七五年七月一四日）のなかに吹の一節がある。

例文①「一部の部隊の派閥性は逆にまた地方にまでその影響がおよび、地方の派閥性の問題を解決するうえで妨げとなっている。左派支持の部隊が地方から引き揚げてしまい、人間はすでに離れてしまっているのに、その影響がまだ残っているわけだ。地方の問題が軍隊とかかわりがあるというのはそのためである」（二六頁）――「部隊の派閥性」が「地方の派閥性」をもたらしている、「地方の問題」は「軍隊とかかわりがある」というわけだ。ここで日本語「地方」と訳された箇所の原文は中国語「地方」である。この訳は正しいか？　旧日本軍では軍隊内に対する一般社会の意味で「地方」と言っていたようだが、戦後も八〇年近い現在では誤訳と言ってよい。鄧小平のいわんとするところは「部隊の派閥性」が（中央に対する地方ではなく）「部隊以外の世界に対して」派閥性をもたらしたと指摘しているのだ。「軍隊とかかわりがある」のは（中央に対する地方ではなく）「軍隊以外の問題」とである。

例文②「地方の派閥性解消を援助して、大衆の団結をうながすよう軍隊の同志に要求しても、なかにはこの方針を実行に移さない者がいる」（二七頁）――「軍隊の同志」に対して「軍隊以外の一般社会の人々」の派閥性解消を援助するよう求めたのである。

例文③「指導グループの軟弱、怠惰、散漫といった問題は地方にも、軍隊にもある……

これらの問題は、地方においては最近わりに速やかに、よく解決されているが、軍隊ではやや遅れている」（三七頁）――「地方」と「軍隊」が対になっていることは明らかだ。

例文④「軍隊があまりにも多く地方所有の家屋、土地を占有していることに、地方の人はかなりの不満を持っている。返すべきものは返すのが当然である。家屋、土地のうち、地方がかつて使っていなかったので、軍隊が使うことにしたものもあるが、強制的に占有したものもある」（二九頁）――「軍隊」が「非軍隊」所有の家屋、土地を「占用・占有」したのである。

「軍隊は教育・訓練を戦略的位置に高めるべきである」（一九七七年八月二三日）。以後紙幅がないので頁数のみ記す。九一、一二〇、一二一、一二二、一二四頁に見える。「軍隊の精鋭・簡素化をはかり、戦闘力を高めよう」（一九八〇年三月一二日）から例を一つあげれば三八二頁にある。「軍事委員会の座談会における講話」（一九八二年七月四日）の例は五五五頁にある。

以上の例文における中国語「地方」を日本語「地方」と置き換えるだけでは、意味がはっきりしない。この訳書は「中共中央マルクス・エンゲルス・レーニン・スターリン著作編訳局」によって翻訳されたことが明記されており、訳者として陳弘氏以下一〇人の中国人、「翻訳更訂」として川越敏孝、富張繁両氏の名がある。権威ある編訳局訳だからといって鵜呑みにはできないこと、お分かりでしょう。まことに遺憾ながら私の友人たちの訳した『鄧小平は語る』（上下巻、風媒社、一九八三年）も、複数の訳者がすべて全く同じ曖昧さを残している。もって現代中国論の弱点が知られる。

（初出『蒼蒼』第六号、一九八五年九月）

E　天安門広場における珍問答

主題は天安門広場の悲劇だが、それをめぐる珍問答は、世にも稀な喜劇である。一九八九年七月二五日夜の日本テレビの話。ご存じ、イレブンＰＭの後番組「ＥＸテレビ」の「激写・天安門に最後までいたカメラマン」を見た友人が抱腹絶倒のチンプンカンプン問答を教えてくれた。

友人がビデオから作ったメモをまずご紹介しよう――

天安門広場周辺の実写フィルムのなかに発砲音が聞こえ、怪我人を運ぶ場面が映る。

Jiuhuche! Jiuhuche Kuaidiar! の声が録音されている。

司会の男「いゃあ、すごい映像ですけどねぇ」

アシスタントの女「すごーい」

男「今、ジューホー、ジューホーって言っていたんですか。ということはどういうこと

なんですか？　この銃ですか？」（と銃を撃つまねをする）
今枝弘一「いえ、自由、フリーダムです」
男「ああ、そうですか。自由ですか。自由を！　自由を！　と言っているところにバッバッバッとやったわけですか」——。ここで録画された場面の中国語 Jiuhuche! Jiuhuche Kuaidiar!（救護車！　救護車！　快点児！）の意味は、いうまでもなく、怪我人を運ぶために「救急車を！　早く救急車を！」の意である。これを日本語との音声上の類似性から勝手に「銃砲！　銃砲！」と誤解する司会者の早合点は相当なもの。それに対して、「銃砲」ではなく、「自由を！　自由を！」の意だとしたり顔で「訂正」する今枝カメラマンの半可通中国語、これまたタイヘンなものだ。これでご本人は理解したつもりであるから、無知ほど怖いものはない。友人の話を聞いて、私はもうあきれ果て、開いた口がふさがらなかった。日本語と中国語の区別がつかない者同士が、中国語の音声をめぐって、勝手に日本語で誤解しあっている図柄はほとんどマンガチックである。こういうチャランポランがテレビ画面に堂々と登場した事実は記録に値する。日本テレビばかりではない、報道関係者の猛省を促す次第である。

（『蒼蒼』第三三号、九〇年八月一〇日発行）

私は二〇〇四年春、勤務校を定年退職したが、その告別講義の演題を「日中誤解はメイワクに始まる」とした。一九七二年の田中角栄訪中中で、彼は日中戦争を「迷惑」の二文字で謝罪した。これに対して中国から「軽すぎる」「スカートに水をかけて、ゴメンナサイではないか」と猛反発が起こった。田中は「迷惑の二文字は、中国から輸入された語彙だが、日本では誠心誠意の謝罪、死を賭してお詫びする場合にも使う」と心情を吐露した。会談を終えて毛沢東は田中への手土産として『楚辞集注』を選んだ。

なぜこの古典なのか。『楚辞集注』には、中国語「迷惑」の使い方が明示されているからだろう。

他人を迷わせ惑わせる、これが中国語の「迷惑」だ。日中間では、同じ漢字の意味がこのように大きく異なる。私のこの解釈は、中国側でも話題となり、『百年潮』に訳され『新華文摘』にも採録された。「他人を迷わせ惑わせる」このシチュエーションを説明するために、私はいつもヒミコが鬼道に仕え、「衆を惑わす」という記述に触れて、中国語の「迷惑 mihuo」という語彙は、紀元前の屈原の時代も二一世紀の今日も変化していない事実を指摘した。

（原載『天皇制と日本史』第七章「日中誤解はメイワクにはじまる」）

最後に、毛沢東の詞「梅を詠む」を私なりに訳して序を結びたい。

こぞのはる　いにしばかりに
まふゆきの　はるをむかへぬ
たかきがけ　つららつらなり
はなびらの　あやにうつくし
あやなれど　わがものとせず
つぐるのみ　はるきたりしを
よのはなの　さかりをまちつ
かのうめは　ひとりほほえむ

この拙訳は、私の最初の訳書『毛沢東：社会主義建設を語る』（現代評論社、一九七五年）のあとがきに付したものである。この訳書は工藤篁逝去に際して、献辞として捧げられ、その後、このあとがきのみを『矢吹晋著作選集』第五巻「著作選」末尾に再録した。

第一部 中国の史書の読み方

1　笠井論文が発表された時代の風潮——本居宣長流の国粋主義

ここで笠井史学に光を当てることを妨げてきた二つの権威、白鳥史学と内藤史学の問題点を素描しておきたい。まず東京帝国大学の白鳥庫吉《くらきち》（一八六五〜一九四二）の「倭女王卑弥呼考」（『東亜之光』一九一〇年）を眺めてみよう。論旨明快な笠井新也（一八八四〜一九五六）の論文のあとで、白鳥庫吉のものを読むと、かなり読みにくい。このような読みにくさがカルト教本の要素かもしれない。冒頭で「卑弥呼問題の難点は、全く魏の帯方郡《たいほうぐん》より女王の都邪馬臺《ヤマタイ》に至る道程の解釈に存するが故に、余輩《よはい》は玆《ここ》に『魏志』に載する行程の全文を抜載し、而《しこう》して後逐次にその解釈を試みんとす」と書いて、いきなり木を見て森を見ない世界に誤誘導する。次いで『日本書紀』が卑弥呼を神功皇后《じんぐうこうごう》に比定したことを挙げて、その過ちとともに、盥《たらい》の水とともに赤子を流すような暴論を続ける。白鳥は松下見林《けんりん》（一六三七〜一七〇三）の『異称日本伝』から『後漢書倭国伝』の項を開き、「邪馬臺ノ国ハ大和ノ国也」「邪馬臺ハ大和ノ和訓也」を引用する。この貴重な見解を白鳥は、あっさりと捨ててしまう。曰く「蓋《けだ》し、［松下］氏の如きは、『書紀』編者の意見を公然と表白せしものと謂うべし」。白鳥はなぜこのような乱暴な判断ができるのか、奇異に感じて読み進めると、本居宣長《もとおりのりなが》（一七三〇〜一八〇一）の威勢を借りていることが明らかになる。「本居宣長氏は『馭戎概言《ぎょじゅうがいげん》』（からおさめのうれたみごと、一七九六年）を著わし、卑弥呼を以て神功皇后に当つるの非なるを痛論し、その九州に拠れる熊襲《くまそ》の輩なるべきを弁証せり」と続ける。つまり、白鳥は、宣長の権威に依拠して、卑弥呼＝神功皇后論の誤りとともに、邪馬臺＝大和論を投げ捨てたわけだ。前者は年代も事跡も合致しない過ちだから、放棄して当然である。しかし後者で「九州に拠れる熊襲の輩」と蔑視した表現に事態の本質が露呈している。これから検証すべき課題を最初から「熊襲の輩」扱いしている。白鳥は問題の立て方からしてすでに間違えていることが分かる。『馭戎概言』とは、「尊内外卑」の立場を明確にせよと主張したもので、書名は「戎である中国や朝鮮を日本が統馭《とうぎょ》すべきだと慨嘆しつつ論じる」という意味だ。白鳥は「本居氏のこの論文によりて、当時の学者はほとんど女王卑弥呼を熊襲の類と見なすに一定せしが」と書いたが、これはかなりミスリーディングな書き方だ。本居のおよそ百年前に生まれた松下見林は、邪馬臺に「ヤマト」とルビをふり、これが大和を指すことは当然と見ていたからだ。本居以来の「国学ナショナリズム」ムードのなかで、『魏志倭人伝』に描かれた邪馬臺国の世界を「熊襲の類」「女酋の国」と侮蔑するようになったのである。白鳥は明らかにここで本居以来の国粋主義風潮に便乗していることが分かる。

実はもう一つのより重大な時代の風潮があった。白鳥はこれに便乗し、あるいは幻惑されていたのである。韓国併合の動きは日露戦争前夜に始まるが、一九一〇年八月には韓国併合条約が調印されるに至った。白鳥論文が発表されたのは、まさにこの年一九一〇年である。韓国併合を控えて、古代日本のルーツ探しを行う場合に、大和朝廷と邪馬臺国を峻別し、「黥面文身《げいめんぶんしん》」（入れ墨）など野蛮な風俗を残す邪馬臺国を「畿内から九州に追放したい」と願う潜在意識が働いたとみてよいのではないか。いわば帝国主義政策を展開する上での無意識の大和朝廷「美化願望」であり、こうした時代の風潮に白鳥も、国民も包まれていた。白鳥が意識して国民にマインドコントロールをかけようとした、というのではない。白鳥自身が無意識のうちに、邪馬臺を畿内から遠ざけたかったという時代の空気が問題ではないか。国民感情もまたそのような白鳥の発想を、これまた無意識のうちに歓迎したのではないか。学問や科学の装いをこらしたイデオロギーによって人々は容易に騙され、そのコントロールから容易に脱出できない。なぜなら、それはあたかも空気のように自然に存在しているからだ。

朝河貫一（一八七三〜一九四八）はかつて「歴史科学は赤い炎よりも、真実の白い光を好む」（拙訳『朝河貫一比較封建制論集』柏書房、二九頁）と喝破したが、韓国併合を目前にしてナショナリズムに幻惑された国民は、朝河の箴言とは逆に「赤い炎」を好んだわけだ。白鳥論文はこのような時代風潮に迎合することによって、致命的な誤りを犯した。白鳥はまぎれもなく「時代の子」であり、それゆえにこそ、この論文は論文自体としては大失敗作にも拘《かかわ》らず、権威としてもてはやされ続けたのではないか。

問題はむしろ戦後である。皇国史観の呪縛から解放され、思想の自由、学問の自由は新憲法のもとで保証された。そのような戦後日本のなかで、榎《えのき》一雄論文（『邪馬臺国』一九六〇年）が現れ、「放射読み」なる奇怪な学説によって白鳥論文の矛盾を弥縫《びほう》したのは悲劇というよりはむしろほとんど喜劇であろう。この現象をどう考えたらよいのか。戦後の東大に依然として、白鳥史学の亡霊が生き残った証左と見るべきであろう。*

＊　佐伯有清『邪馬台国論争』は、東大にも九州説に与しなかった研究者がいたことを次のように強調している。「現今でも、邪馬台国九州説は東京大学、大和説は京都大学と色分けして邪馬台国論争を叙述し、興味をそそろうとする傾向が見受けられる。しかし、白鳥庫吉の学統に属する池内宏、志田不動麿、鈴木俊らは、いずれも白鳥説とは異なり、邪馬台国大和説にもとづいて邪馬台国問題を論じた」。「末松保和も大和説の立場から投馬国の解明につとめた」。「末松の師である黒板勝

美は、九州は長崎県の出身でありながら、邪馬台国九州説にはかならずしも与していなかった」（五頁）。なるほど、東大系にも当然大和論者は存在したであろう。ここで興味深いのは、佐伯が榎一雄の「放射読み」論に言及しない点である。

2　内藤史学の限界――ヒミコ＝百襲姫命を比定できず

もう一つの京都学派はどうか。内藤湖南《こなん》（一八六六～一九三四）はその論文「卑弥呼考」でこう結論した。「支那《ママ》の記録より視たる邪馬臺国は、之を大和朝廷の所在地に擬する外、異見を出すべき余地なし」。「当時七万余戸を有するほどの大国は、之を辺陲《へんすい》の筑紫に求めんよりも、之を王畿の大和に求めん方穏当なるに似たり」。「此れ余が邪馬臺国を以て、旧説の大和に復すべしと思える理由なり」と。湖南が宣長以来の謬論《びゅうろん》を捨てて、「旧説の大和」に戻せと主張したのは、きわめて正しい考え方であった。しかし卑弥呼を倭姫命《やまとひめのみこと》に比定したのは、誤りであり、それゆえ箸墓《はしはか》にたどり着くこともできなかった。また畿内への行路を瀬戸内ルートで考えたために、難波から大和までの「陸行一月」の矛盾をも解決できなかった。この失敗が短絡的な読者にとって、九州説こそ正しいものであるかのごとき印象・錯覚を与えたことは否めない。

いいかえれば第一に投馬《づま》を出雲に比定できなかったこと、第二に卑弥呼を倭迹迹日百襲姫命《やまとととひももそひめのみこと》に比定できなかったこと、この二つが湖南の限界であったとみてよい。とはいえ、湖南の学識の広さ、深さは言うまでもない。邪馬臺国＝大和説の基礎は、やはり内藤によって築かれたとみてよいであろう。ただし、湖南が白鳥と違って帝国主義の「文化的先兵」でなかったかといえば、そうではあるまい。日露戦争の戦利品として旅順港から鴻臚井《こうろせい》の碑を略奪してきた背景に湖南の博識が役立っていたことは、國學院大學栃木短大酒寄雅志《さかよりまさし》教授らの研究によって実証されている。*

＊「『唐碑亭』、すなわち『鴻臚井の碑』をめぐって」『渤海と古代の日本』校倉書房、二〇〇一年。

こうした帝国主義時代の空気は、一九三七年の蘆溝橋《ろこうきょう》事件以来ますます濃密になった。まさにそのなかで、笠井新也は第四論文を発表し、かつて大正デモクラシーの時代に発表した論文について「いささかも修正する必要なし」と断言した見識は、驚くばかりの自由な精神である。笠井新也の「人と学問」についてさらに研究が進められ、考古学の成果によって笠井説が実証される日の到来を願ってやまない。

近代日本史専攻の小路田泰直《こじたやすなお》『奈良試論』（楽史社、二〇〇七年）はこう書いている。「卑弥呼を箸墓の主倭迹迹日百襲姫に、その男弟を崇神《すじん》天皇にあて、壱与《いよ》を神功皇后に宛てると、古代日本の歴史に関する『魏志倭人伝』の叙述と『日本書紀』の叙述は、その輪郭においてほぼ一致する。それは『魏志倭人伝』『日本書紀』共々、その信憑性を高めるといってよい」（三八頁）と。笠井が試みたのは、まさにその方法なのであった。

考古学者の石野博信『邪馬台国と古墳』（学生社、二〇〇二年）はこう書いている。「従来の私の悩みは、「箸中山古墳は卑弥呼の墓ではない」と言っておりながら、卑弥呼の墓でなかったら、いったい誰の墓なんだろう、卑弥呼の墓はどこにあるのだろうという点でした」（同六五頁）。「箸中山古墳が卑弥呼の墓であれば悩みは解消します」（同六六頁）。

然り、第二部で詳述するが、笠井学説こそが悩みを解消する薬である。考古学は自然科学であり、演繹法ではなく帰納法で考える。笠井自身はいずれ考古学で実証できることを信じていたが、笠井の時代にできたことは、日中比較文献研究のレベルであった。笠井の洞察力の源泉は、いわゆる津田史学のような俗論の悪しき影響を免れるところから生まれたものと私は解している。文献をこのように正しく読むことが真の学問であろう。その成否はやがて考古学という実証科学によって裏付けられるはずである。

3　邪馬臺国を九州に追放した本居国粋主義

著者は先頃「笠井新也の卑弥呼・邪馬臺国論――白鳥史学・内藤史学批判」を発表した（『國學院雜誌』二〇〇七年九月号）。その際に、四〇〇字三〇枚という紙幅の制約のために、笠井史学の内容を紹介することを主眼として、まとめざるをえなかった。その続篇に当たる小稿では、私がどのようにして笠井史学を再発見するに至ったのか、その過程をまとめたものである。

『魏志倭人伝』はいうまでもなく、古代中国語で書かれた文献である。それゆえ、そのような文献として解読することが必要なはずである。しかしながら日本においては、いわゆる漢文訓読フィルターに妨げられて、奇怪な読み方が行われてきた。特に国学ナショナリズムの流行以来、そのような読み方が広く行われるようになった。松下見林や黄遵憲《こうじゅんけん》（一八四八～一九〇五）までは、邪馬壹国を表音文字としてヤマトと読んでいたのであり、この読み方に戻すことが必要である。近年の考古学の成果もそれを裏付けるものが多い。

白鳥庫吉が邪馬臺国＝九州説を唱えた一九一〇年は、日本が朝鮮を併合した年である。白鳥が「鯨面文身《げいめんぶんしん》」の邪馬臺国を大和朝廷と峻別しようとした深層心理は、複雑なものであったと思われるが、結果的には致命的な誤謬を犯した。同じ一九一〇年に邪馬臺国＝

畿内説を提起したのは、内藤湖南であった。内藤史学が邪馬臺国を畿内に比定したのは、正鵠を射ていたが、瀬戸内ルートを想定したために、「陸行一月」の矛盾を解けなかった。瀬戸内ルートではなく、日本海ルートを比定することによって、『日本書紀』や『魏志倭人伝』の記述を正確に解読したのは、國學院出身の笠井新也であり、私は本書第二部でその業績を評価した。

小稿は私がどのようにして笠井史学を再発見するに至ったか、笠井史学との出会いをまとめたものである。私は朝河の学位論文『大化改新』を百年ぶりに翻訳し（英文原著一九〇四年、邦訳柏書房二〇〇六年）、記紀に描かれた「神話と史実の腑分け」について改めて考える機会があり、ある日『魏志倭人伝』を通読してみた。

4　邪馬臺は「ヤマト」と読むのが常識

読み始めてまもなく、「邪馬臺国」はただ一度しか登場しないことに気づき驚いた。すなわち「倭」は二二五回、「倭国」は三回、「女王」は一三回、「女王国」は五回も登場するなかで、「邪馬臺国」が一度しか登場しないのはなぜか。これを考えながら、原文を再読して気づいたのは、「倭国」が通称であること、「女王国」は「倭国」の当時の特徴を踏まえた、言い換え表現にすぎないことであった。では「邪馬臺国」とは、なにか。これは実質的に「女王国」の言い換えであり、『魏志倭人伝』全体から読み取れる文脈では、「倭国」あるいは「女王国」と同義であり、それ以外のものではない。では、あえて「邪馬臺国」の四文字で表記したのはなぜか、これに着目して該当個所を読み直すと「邪馬臺国」の四漢字が浮き上がり、たちまちヤマトに変身した。

日本語の「漢字かな混じり文」にカタカナが挿入されると、その部分が否応なしに強調された印象をもつ。カタカナ外来語がキャッチコピーのように用いられる事情に似ている。「漢文訓読」で読むと、自覚されにくいが、漢語（＝中国語）世界に混入された「漢語にとっての外来語（この場合はやまとことば）」は、これを中国語で読むとその響きが意識に残る。私の抱いた違和感はそれであった。古代中国語の文章を読んでいるうちに、突然ヤマトが現れ、もう一度目をこすると、邪馬臺国に戻っていた。

この奇妙な体験によって私が気づかされたのは、この四文字が「女王国」側の「自称」にほかならないことであった。『魏志倭人伝』の筆者にとって、「倭国」あるいは「女王国」という表記は、「既知」の概念であり、「倭国」にせよ、「女王国」にせよ、容易になんらかのイメージを想定できる。これに対して「邪馬臺国」の四文字は、いわば音標文字を表記した当て字であり、漢字自体には意味がない。「倭国」あるいは「女王国」側の人間が「そのような発音をした」という伝聞を適当な音標文字で記録したものにすぎない。つまり、私がここで感じた体験は、使者が「ヤマト」と発音したものを記録者が「邪馬臺国」と記したに違いないという思いつきであった。

この簡明きわまる事実を誤解したことが、不毛な邪馬臺国百年論争の始まりではないか。事柄の実質は、「ヤマト」という自称に対して『魏志倭人伝』の執筆者が、あたかも万葉仮名のように当て字を書いただけのことなのだ。それゆえ、私の想定が正しいとすれば、これは明らかに畿内の大和について語ったものであり、三世紀半ばの大和朝廷の姿を同時代の伝聞として記録に残したものである。*

＊ 以下の図版は、便宜上岩波文庫版を用いたが、ここでは「邪馬壹国」と誤記されている。この「壹」が「臺」の誤記・誤植であることについては、諸家の論証に明らかであり、繰り返すまでもあるまい。

こうして私の読み方によれば、「邪馬臺国」とは「倭国」であり、「女王国」であり、ヤマトである。それゆえ、本居宣長以来、日本の知識人たちを悩ませてきた、いわゆる「邪馬臺国論争」は、ここで雲散霧消することになる。やれ「畿内説」だ、やれ「九州説」だと繰り返されてきた、いわゆる「学術」論争なるものは、ほとんど床屋政談並みのムダ話

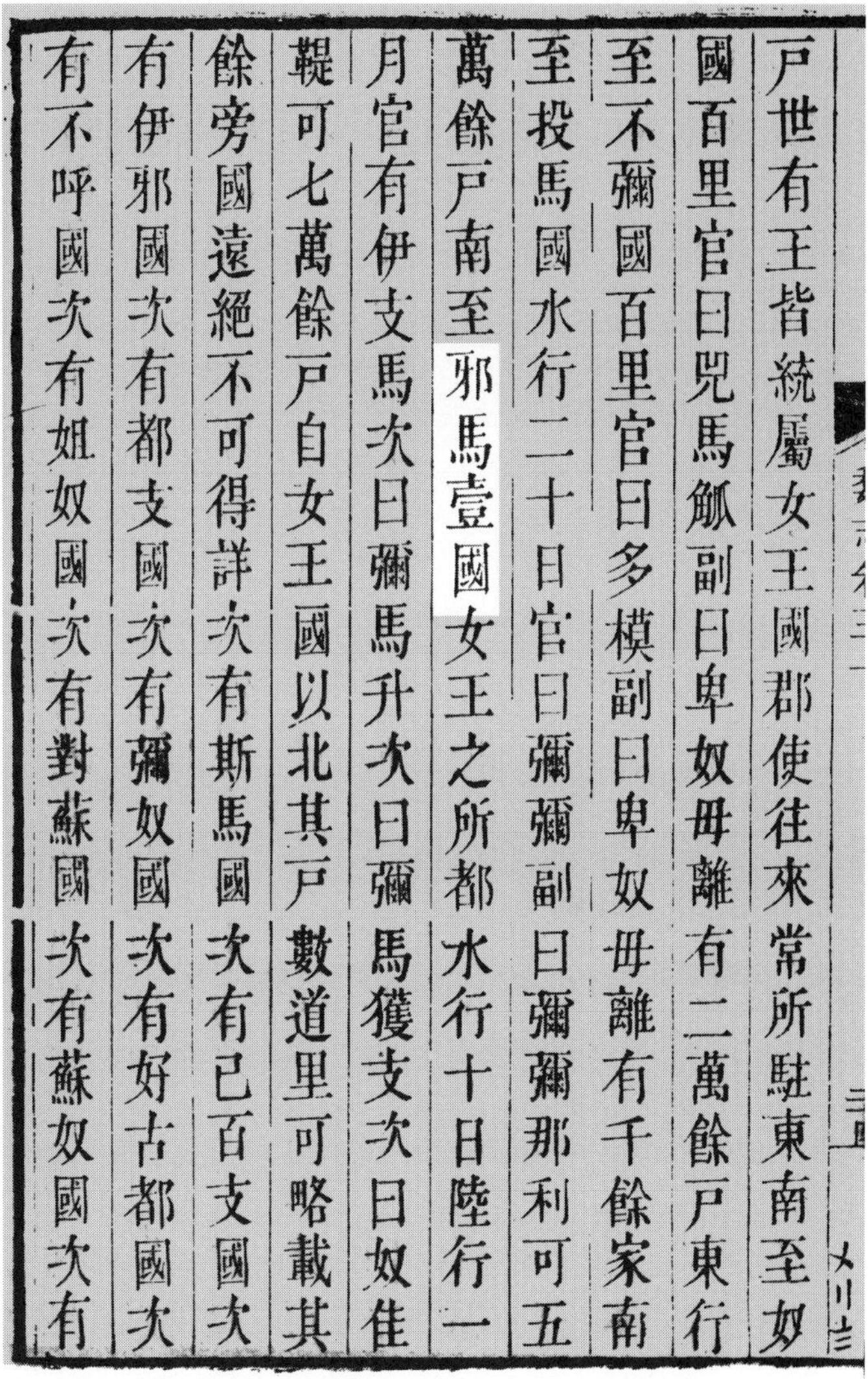

戸世有王皆統屬女王國郡使往來常所駐東南至奴國百里官曰兕馬觚副曰卑奴毋離有二萬餘戸東行至不彌國百里官曰多模副曰卑奴毋離有千餘家南至投馬國水行二十日官曰彌彌副曰彌彌那利可五萬餘戸南至邪馬壹國女王之所都水行十日陸行一月官有伊支馬次曰彌馬升次曰彌馬獲支次曰奴佳鞮可七萬餘戸自女王國以北其戸數道里可略載其餘旁國遠絶不可得詳次有斯馬國次有已百支國次有伊邪國次有都支國次有彌奴國次有好古都國次有不呼國次有姐奴國次有對蘇國次有蘇奴國次有

魏志倭人伝：晉陳壽撰 ほか『三國志 65 巻』[9]、成都書局殿版摸刊、同治 10。
国立国会図書館デジタルコレクション。影による強調は編集部による、以下同じ。

ではなかったのか。すでに結論が出ているにもかかわらず、学界の交通整理が不十分なために、根拠を失って久しい学説が依然、装いをこらして、あたかも亡霊のごとくさまよっている姿は醜い。ヒミコの亡霊を箸墓に鎮魂する作業は、すみやかに行う必要がある。

私が「邪馬臺国」を「ヤマト」と読んだのはなぜか。初めは偶然のような気もしたが、考えてみるとそうではなかった。私は「漢文訓読フィルター」に妨げられなかったようだ。「日本人の色眼鏡」というと、誤解を招き易いので、あえて「漢文訓読フィルター」と表現しておく。このフィルターを通すと、すべての漢字は、あたかも日本語で書かれた文章のように読める。これが曲者だ。

たとえば邪馬臺国はヤマタイコクである。しかしこのフィルターを外して現代中国語で読むと、ye-ma-tai-guo となる。ここで邪馬臺国だけを ye-ma-tai-guo と読むのではない。冒頭から中国語の文として読んでいくと、ye-ma-tai-guo のような名詞が、あたかも日本語の文章に挿入されたカタカナ表記のように印象づけられ、これが外来語の漢字表記であると気づかせられる。実はこれは微妙な感覚にすぎないのだが、漢文訓読方式によると、本来の中国語の「地の文」とそこに挿入された「音訳」表記の区別が見失われる危険性が強い。

当代の音韻体系に従って発音する場合に、ヤマトが実際にどのように発音されたかの究明は専門家に委ねるとしよう。ここでは『魏志倭人伝』筆者への情報提供者が耳慣れない「ヤマト」なる外来語を語り、それを「邪馬臺国」の四文字に記録したであろうことを確認しておくだけでよい。

5　ヤマト説の証拠

「邪馬臺国とはヤマトなり」の答えが用意されたからには、あとは証明材料を集めればよい。証拠はすぐに見つかった。『隋書・倭国伝』である。冒頭に近い個所に、有名な次の記述がある。「其の地勢は東高西下、邪靡堆に都す、則ち『魏志』に云うところの邪馬臺なり」(原文＝邪靡堆則魏志所謂邪馬臺者也)である。『隋書』は「邪靡堆」(ヤミトゥイ)に都を置く、と音を表記し、『魏志』のいう「邪馬臺」(ヤマト)と同じだと解説している(岩波文庫、石原道博編訳、一二八頁)。いいかえれば『魏志倭人伝』では「邪馬臺」と表記されているが、これは「邪靡堆」と表記してもよい、と説明した形であり、「邪馬臺」も「邪靡堆」もヤマト側の自称を音で表記したことを示唆している。*

＊　一つ、註釈しておくと、「邪靡堆」の「靡」は、「摩」の誤記・誤植であろう。もし「摩」なら

ば、「邪摩堆」となり、「堆」と「臺」の違いになり、音を写したことが一層明確だ。ちなみに内藤湖南はここをすでに「邪摩堆」と読んでいた。

ここでもう一つの証拠に気づいた。『後漢書・列伝七十五・倭伝』である。「その大倭王は邪馬臺国に居す（其大倭王居邪馬臺国）」と記し、ここで割り注の形で「案今名邪馬惟音之訛也」と註釈している。「惟」の「りっしんべん」をそのまま読めば、「案ずるに、今の名ヤマウェイは音の訛りなり」となる。これは「邪馬壹」を言い換えたものであろう。「堆」、すなわち「つちへん」の誤記と見なすならば、「案ずるに、今の名ヤマトゥィは、音の訛りなり」となる。

『後漢書・倭伝』は、王朝としての先後関係とは異なり、実際には『魏志・倭人伝』の後に書かれたものだ。むろん『隋書・倭国伝』の前である。

これら三つの註釈は、前後関係を踏まえて並べると、以下のようになる。

1 『魏志・倭人伝』は「邪馬壹国」と書いた。
2 『後漢書・倭伝』は『魏志』を「邪馬臺国」と訂正し、原本の「ヤマイは音の訛りなり」と註釈した。
3 『隋書・倭国伝』は「ヤミトゥィ（邪靡堆）則ち『魏志』に云うところの邪馬臺なり」と註釈した。

靡恐當作摩

從軍有崐崘人頗解其語遣人慰諭之流求不從拒逆
官軍稜擊走之進至其都頻戰皆敗焚其宮室虜其男
女數千人載軍實而還自爾遂絶

倭國

倭國在百濟新羅東南水陸三千里於大海之中依山
島而居魏時譯通中國三十餘國皆自稱王夷人不知
里數但計以日其國境東西五月行南北三月行各至
於海其地勢東高西下都於邪靡堆則魏志所謂邪馬
臺者也古云去樂浪郡境及帶方郡並一萬二千里在
會稽之東與儋耳相近漢光武時遣使入朝自稱大夫

隋書巻 81　倭國（関西大学デジタルアーカイブ https://www.iiif.ku-orcas.kansai-u.ac.jp/hakuen_bunko/ より転載）
明萬暦 26（1598）年劉應秋等奉勅重校刊本翻刻、牧野古愚校點、旧蔵：高松藩講道館

邪靡堆則邪馬台者也

下好養牛豕乗船往來貨市韓中

倭在韓東南大海中依山島爲居凡百餘國

自武帝滅朝鮮使驛○劉攽曰使驛按當作譯說已見上通於

漢者三十許國國皆稱王世世傳統其大倭

王居邪馬臺國按今名邪摩推音之訛也樂浪郡徼去其

國萬二千里去其西北界拘邪韓國七千餘

里其地大較在會稽東冶之東與朱崖儋耳

相近故其法俗多同土宜禾稻麻紵蠶桑知

織績爲縑布出白珠青玉其山有丹土氣温

（劉宋）范曄撰ほか『後漢書 120 巻』32、［出版者不明］［寛永前期頃］
国立国会図書館デジタルコレクション

ヤマトは楽浪郡から一万二千里。案ずるに、今名邪摩惟は音之訛也。

ここで『後漢書・倭伝』の割注がきわめて重要である。この註釈を加えたのは、いつ、誰によるものか、版本研究者のご教示を得たいところだ。

とはいえ版本研究の結果を待つまでもなく、小稿の文脈においてはすでに有力な証拠である。というのは、『後漢書・倭伝』の書き手や読み手にとっても、「邪馬臺国」は、耳慣れない外来語なので、「邪摩惟は訛りなり」の註釈を必要とした事実が重要である。音をとれば、明らかに「邪馬堆」であるべき個所が「邪摩惟」（ヤマウェイ）と誤記されていることに注意を喚起したわけだ。こうして中国においても、「臺か、壹か」が問題になったが、それは音声レベルの話ではなく、文字に書いた後のことにすぎない。日本ではこの文脈をまるで誤解してヤマイと読み、敢えて異説を立てる者が現れたが、牽強付会、本末転倒も甚だしい。

次の『隋書・倭国伝』は「ヤミトィ（邪靡堆）」と書いて、これは『魏志・倭人伝』の「ヤマト（邪馬臺）」のことだと説明した。

こうして中国の史書の書き手と読み手は、「ヤマト〜ヤマトゥィ〜ヤミトゥィ」という音で、「倭国」を呼称してきた。

『魏志・倭人伝』に初めてヤマトが記述された三世紀中葉のこと、当時の倭国では漢字を用いて国名を表記する文化が未成立であった。二〇〇六年一〇月一二日、難波宮跡から木簡が発見され、「皮留久佐乃皮斯米之刀斯」、すなわち春草のはじめの年が話題になったが、これは難波宮完成（六五二年）以前のものと専門家は解説している。三世紀から七世紀まで、倭国が自国をどのように自称し、それが中国の史書にどのように記録されたかを考えるに際しては、徹底的に中国の史書を「漢文訓読フィルター」を外して中国語として読む必要がある。

念の為に書いておくが、『魏志』におけるテキストの読み方を『後漢書』や『隋書』に頼ることには、疑問を感じる向きもあるかもしれない。これは中国のいわゆる正史がどのような歴史意識に基づいて書き継がれてきたかを、考えるならばその当否は明らかだ。『魏志・倭人伝』における記述はさまざまな形で『後漢書』や『隋書』に修正されつつ、引き継がれている。少なくとも「倭国伝」は、倭国についての知見を引き継いだものであり、「邪馬壹」から「邪靡惟」への認識も同じである。正史の筆者と読者たちは、そのようにして倭国を認識してきたのである。

6　混迷は内藤湖南・白鳥庫吉の「問題提起の仕方」に始まる

一九一〇年に内藤湖南が「卑弥呼考」（『芸文』一巻二～四号、一九一〇年五～七月）を書き、ほとんど同じ時期に白鳥庫吉が「倭女王卑弥呼考」（『東亜之光』五巻六～七号一九一〇年六～七月）を書いたときに、両者のいずれかでも、私のような読み方を提起していたならば、その後の不毛な論争は避けられたはずなのだ。

のちに他の論拠で解くように、「邪馬台とはヤマトなり」、とする結論においては、湖南＝京都帝大側が圧倒的に有利であり、九州説を説いた東京帝大系は根本的に間違っている。

ここまで考えた段階で、江戸中期の国学者松下見林の『異称日本伝』を開いて驚愕した。私が図書館で見たのは、『改定史籍集覧』第二〇冊である（近藤瓶城編、臨川書店、一九八四年）。これは覆刻版であり、原本は明治三四年五月三〇日印刷、七月一一日発行、編輯者は近藤瓶城、発行兼印刷所は近藤活版所である。

西峰散人（松下見林）は、『後漢書・東夷列伝』、『魏志・倭人伝』、『隋書・倭国伝』の順に並べて、註釈を付している。私は『後漢書・東夷列伝』九～一一頁を読んで、息を呑んだ。冒頭の「邪馬臺国」の箇所に、「按ずるに今の名、邪摩推は音の訛りなり」とあった。

これは原注である。私が驚いたのは、松下自身の以下の注である。「今按ずるに、邪馬臺国は大和国なり」、「邪馬臺は大和の和訓なり」と明記されているではないか。しかもごていねいに「邪馬臺」には「ヤマト」とルビをふってある。松下の学識は、原文の意味を実に的確に読み解いていたわけだ。

『魏志・倭人伝』の引用個所一四～一七頁を開くと、テキスト本文の箇所がすでに「邪馬臺国」と修正されており、しかも松下の註釈が付されている。

「邪馬壹」の「壹」は「臺」に作るべし、と。つまり松下の理解によれば、これはヤマトを「邪馬壹」と誤記したのであるから、当然「壹を臺に」改めて、「邪馬臺」と記すべきなのであった。

最後に『隋書・列伝東夷』三三～三四頁をみよう。「邪靡堆に都す、すなわち『魏志』にいう邪馬臺なり」。

松下は「邪靡」の「靡」は、「摩」に作るべし、と註釈している。

これら三冊の中国史書に付した松下の註釈から分かることは、彼が終始一貫、「邪馬臺」を「ヤマト」と読んで、いささかも揺るがないことである。

この読み方は近代中国の知識人の場合も同じだ。たとえば黄遵憲著『日本國志・隣交

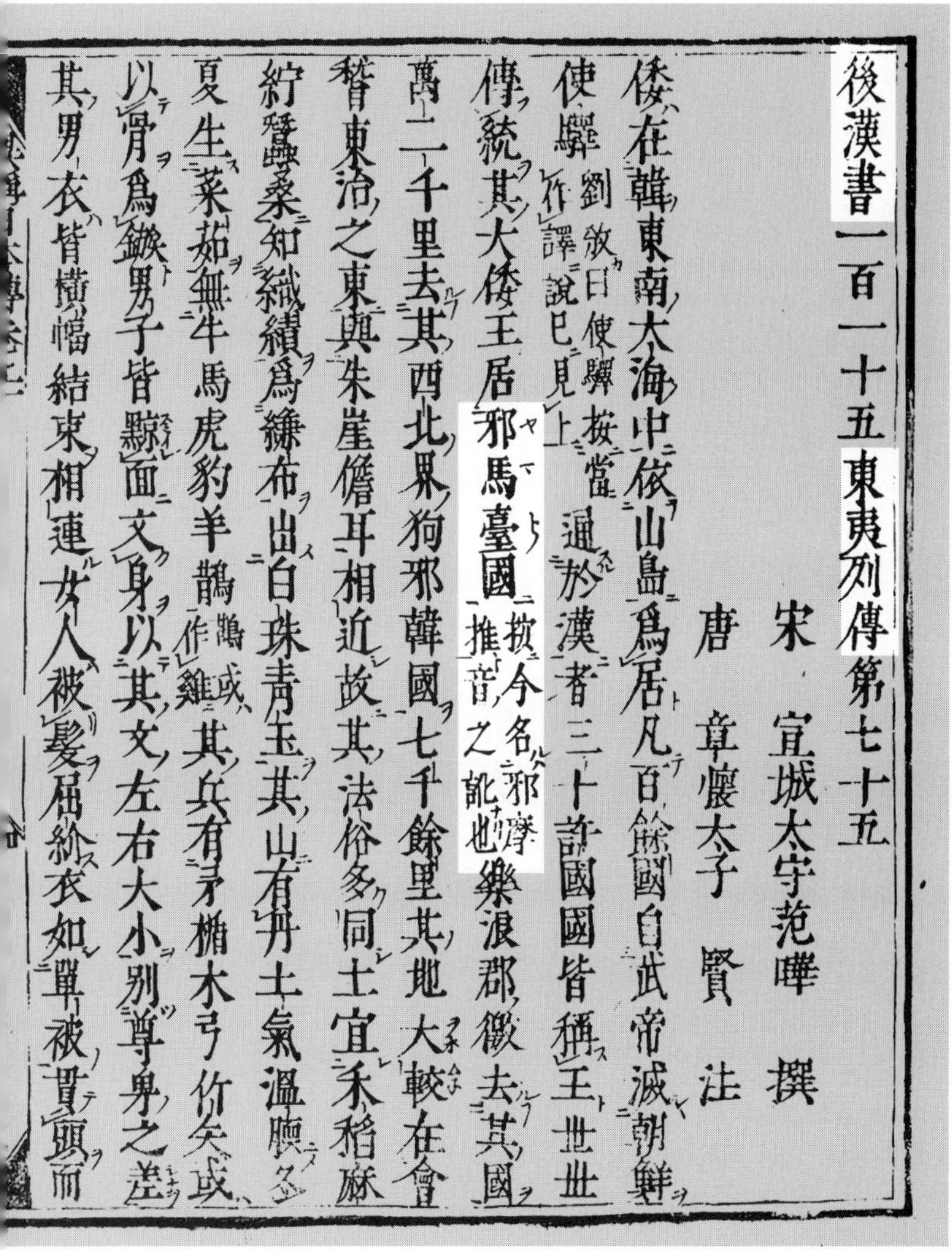
後漢書一百一十五東夷列傳第七十五
宋　宣城太守范曄　撰
唐　章懷太子　賢　注
倭在韓東南大海中依山島爲居凡百餘國自武帝滅朝鮮
使驛（劉攽曰使驛按當作譯說已見上）通於漢者三十許國國皆稱王世世
傳統其大倭王居邪馬臺國《ヤマト》（按今名邪摩推音之訛也）樂浪郡徼去其國
萬二千里去其西北界狗邪韓國七千餘里其地大較在會
稽東冶之東與朱崖儋耳相近故其法俗多同土宜禾稻麻
紵蠶桑知織績爲縑布出白珠青玉其山有丹土氣溫腝冬
夏生菜茹無牛馬虎豹羊鵲（鵲或作雞）其兵有矛楯木弓竹矢或
以骨爲鏃男子皆黥面文身以其文左右大小別尊卑之差
其男衣皆橫幅結束相連女人被髮屈紒衣如單被貫頭而

松下見林編『異称日本伝』15 巻より（京都大学貴重資料デジタルアーカイブより）

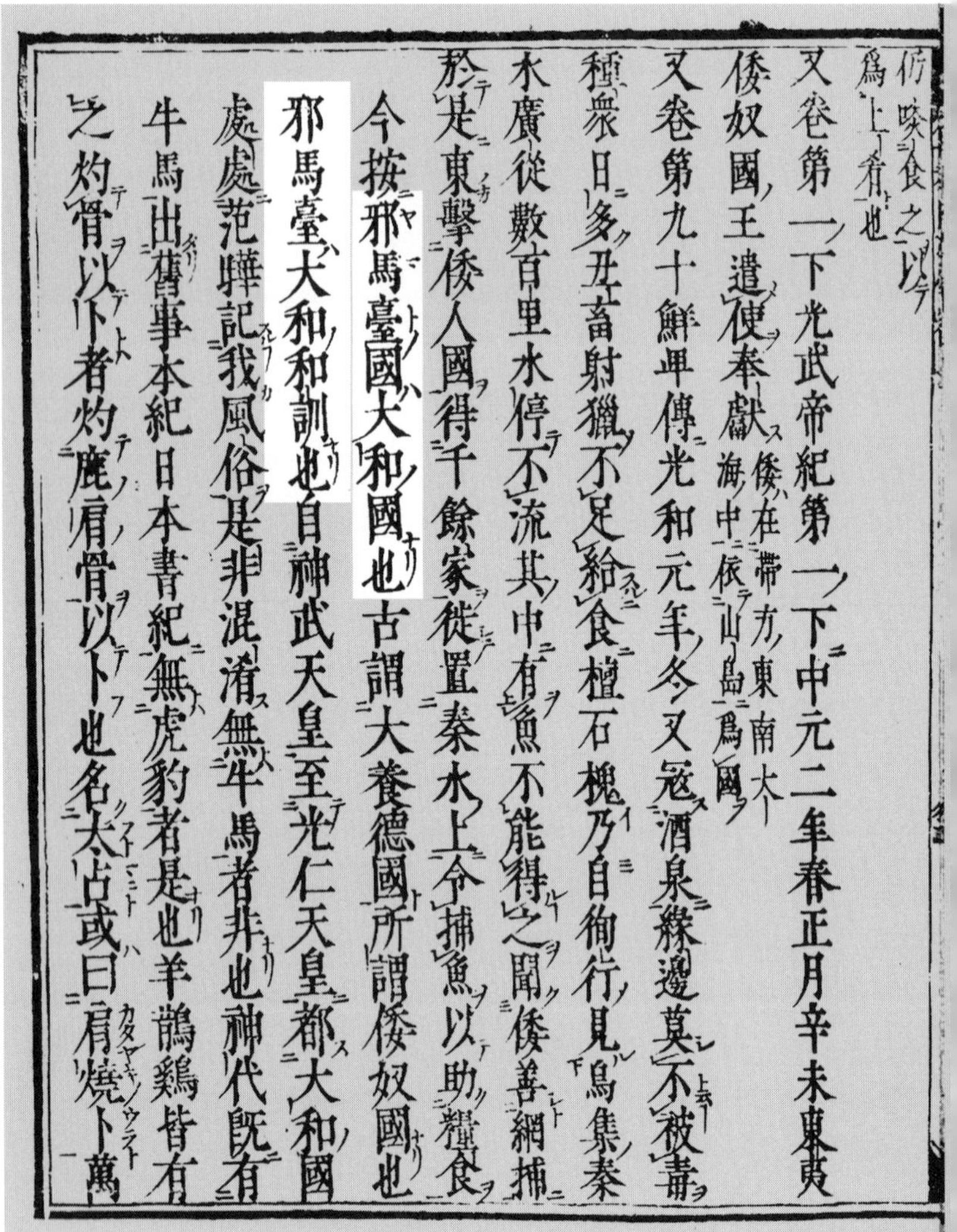
而啖食之以
爲上肴也
又卷第一下光武帝紀第一下中元二年春正月辛未東夷
倭奴國王遣使奉獻 倭在帶方東南大海中依山島爲國
又卷第九十鮮卑傳光和元年冬又寇酒泉緣邊莫不被毒
種衆日多田畜射獵不足給食檀石槐乃自徇行見烏集秦
水廣從數百里水停不流其中有魚不能得之聞倭善網捕
於是東擊倭人國得千餘家徙置秦水上令捕魚以助糧食
今按邪馬臺國大和國也古謂大養德國所謂倭奴國也
邪馬臺大和和訓也自神武天皇至光仁天皇都大和國
處處范曄記我風俗是非混淆無牛馬者非也神代既有
牛馬出舊事本紀日本書紀無虎豹者是也羊鵲鷄皆有
之灼骨以卜者灼鹿肩骨以卜也名太占或曰肩燒卜萬

邪馬臺国は大和国なり

暢艸可以熾釀芬香暢達者將祭灌暢降神

又卷第十三超奇篇

暢草獻於倭珍物產於四遠幽遠之地未可言無奇人也

今按周成王之時當此土鸕鷀草葺不合尊《ウカヤフキアハセズノミコト》之代邑古暢字香草也祭祀酒和灌地達其氣於高遠以降神我朝者神國也事神之禮至矣按周以此草非偶然嗚呼虎狼之秦不能得不死之藥周得此草其德廣被也周公佐成王天下太平我亦神代河出圖之時乎我國人知學者益自此始焉其按暢草雖無稽我記仲任不誣矣

魏志卷三十倭人傳

晉　平陽侯相陳壽　撰述

宋　西鄉侯裴松之　集註

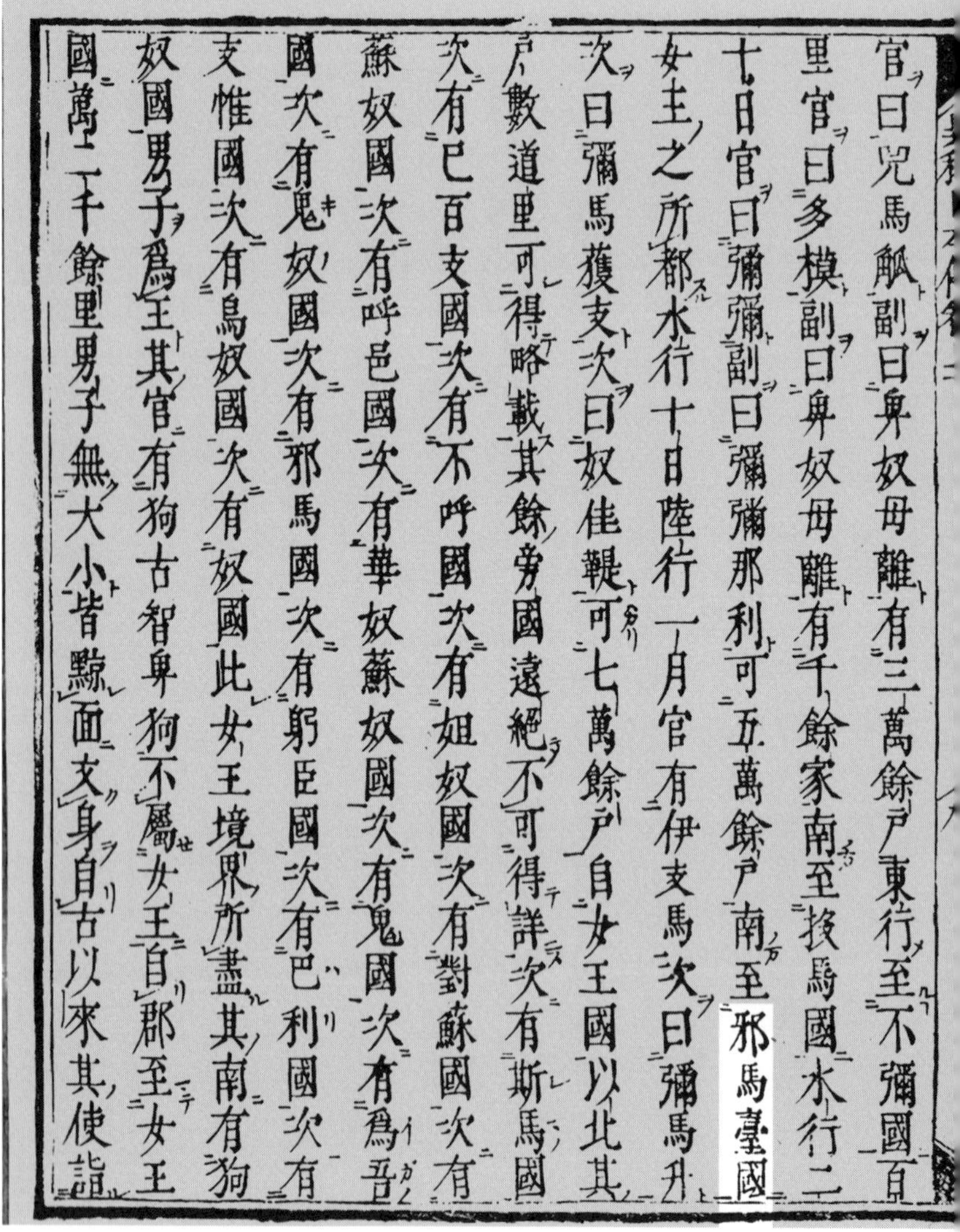
官曰兕馬觚副曰卑奴母離有三萬餘戸東行至不彌國百
里官曰多模副曰卑奴母離有千餘家南至投馬國水行二
十日官曰彌彌副曰彌彌那利可五萬餘戸南至邪馬臺國
女王之所都水行十日陸行一月官有伊支馬次曰彌馬升
次曰彌馬獲支次曰奴佳鞮可七萬餘戸自女王國以北其
戸數道里可得略載其餘旁國遠絶不可得詳次有斯馬國
次有已百支國次有不呼國次有姐奴國次有對蘇國次有
蘇奴國次有呼邑國次有華奴蘇奴國次有鬼國次有爲吾
國次有鬼奴國次有邪馬國次有躬臣國次有巴利國次有
支惟國次有烏奴國次有奴國此女王境界所盡其南有狗
奴國男子爲王其官有狗古智卑狗不屬女王自郡至女王
國萬二千餘里男子無大小皆黥面文身自古以來其使詣

邪馬臺と表記

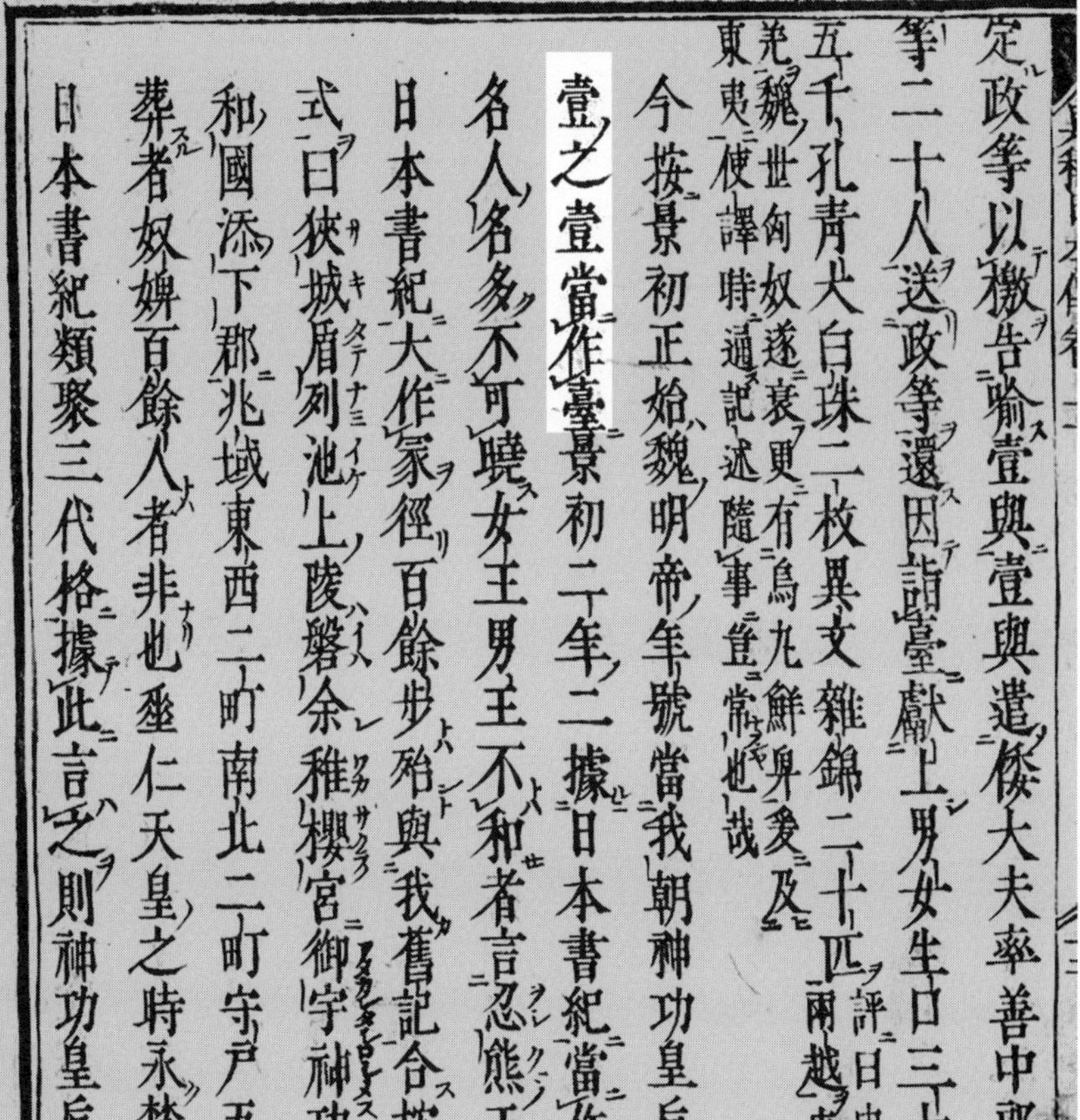

定政等以檄告喩壹與壹與遣倭大夫率善中郎將掖邪狗等二十人送政等還因詣臺獻上男女生口三十人貢白珠五千孔青大句珠二枚異文雜錦二十匹評曰史漢著朝鮮兩越東京撰錄西羌魏世匈奴遂衰更有烏丸鮮卑爰及東夷使譯時通記述隨事豈常也哉

今按景初正始魏明帝年號當我朝神功皇后之時邪馬壹之壹當作臺景初二年二據日本書紀當作三國名官名人名多不可曉女王男王不和者言忍熊王叛也事見日本書紀大作冢徑百餘步殆與我舊記合按延喜諸陵式曰狹城盾列池上陵磐余稚櫻宮御宇神功皇后在大和國添下郡兆域東西二町南北二町守戶五烟是也殉葬者奴婢百餘人者非也垂仁天皇之時永禁殉葬詳見日本書紀類聚三代格據此言之則神功皇后崩時豈有

壹は臺に作るべし

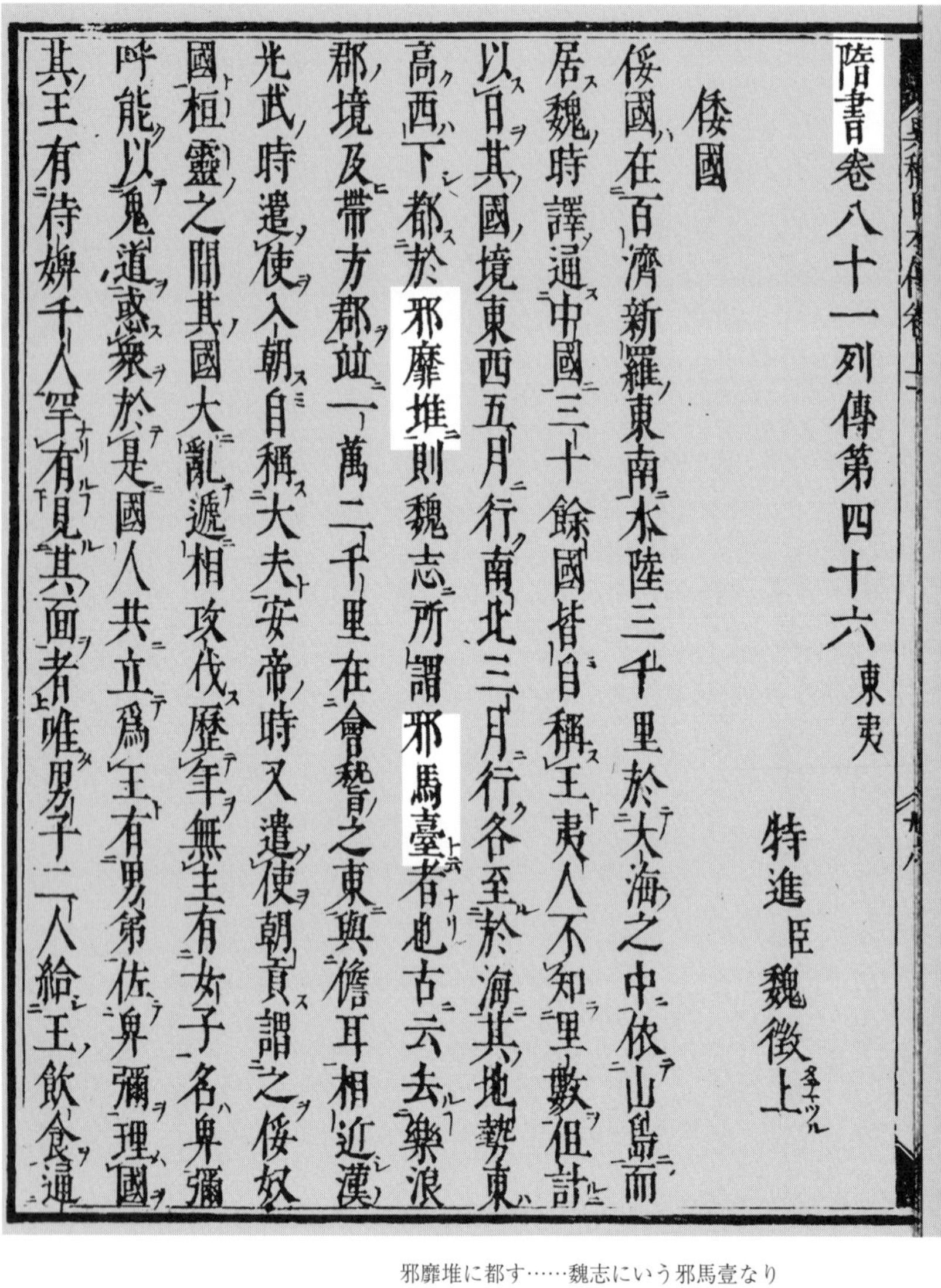
隋書巻八十一列傳第四十六東夷

特進臣魏徴上

倭國

倭國在百濟新羅東南水陸三千里於大海之中依山島而居魏時譯通中國三十餘國皆自稱王夷人不知里數但計以日其國境東西五月行南北三月行各至於海其地勢東高西下都於邪靡堆則魏志所謂邪馬臺者也古云去樂浪郡境及帶方郡並一萬二千里在會稽之東與儋耳相近漢光武時遣使入朝自稱大夫安帝時又遣使朝貢謂之倭奴國桓靈之間其國大亂遞相攻伐歴年無主有女子名卑彌呼能以鬼道惑衆於是國人共立為王有男弟佐卑彌理國其王有侍婢千人罕有見其面者唯男子二人給王飲食通

邪靡堆に都す……魏志にいう邪馬壹なり

今按隋書之說多據前史爲文邪靡靡當作摩北戸北當作比秦王國未詳北史及隋書曰自竹斯國東至秦王國又經十餘國達於海岸以此觀之則秦王國在筑紫與中國之間耳以山陽山陰諸國名中國蓋今嚴嶋與遣使於隋北史隋書並言之隋書記事爲詳北史曰其王與世清來貢方物非也見前隋書曰令使者隨清來貢方物與我國史同亦見前此後遂絕不久隋滅故與遣使至此絕也其後至唐遣使不絕故舊事本紀曰推古天皇十五年秋七月庚戌大禮小野臣妹子遣於大隋以鞍作福利爲通事此遣唐之始也

唐書一百二十東夷列傳第一百四十五

宋祁 奉 勅 撰

靡は摩に作るべし

日本古倭奴也去京師萬四千里直新羅東南在海中島而居東西五月行南北三月行國無城郭聯木爲柵落以草茨屋左右小嶋五十餘皆自名國而臣附之置本率一人檢察諸部其俗多女少男有文字尚浮屠法其官十有二等其王姓阿每氏自言初主號天御中主至彥瀲凡三十二世皆以尊爲號居筑紫城彥瀲子神武立更以天皇爲號徙居大和州次曰綏靖次安寧次懿德次孝昭次天安次孝靈次孝元次開化次崇神次垂仁次景行次成務次仲哀仲哀死以開化曾孫女神功爲主次應神次仁德次履中次反正次允恭次安康次雄略次淸寧次顯宗次仁賢次武烈次繼體次安閑次宣化次欽明欽明之十一年直梁承聖元年次海達次用明亦曰目多利思比孤直隋開皇末始與中國通次崇峻

志』（巻四、一八九五年刊）を調べてみよう。

彼は『後漢書倭伝』の記述を引用しつつ、「邪馬臺国の邪馬臺とは、すなわち大和の訳音なり」と明記している。「崇神のとき、蓋し都は大和なるべし」。このように中国人が、『後漢書』から『日本国志』に至るまで、一貫してヤマトと読んできたことは、もう一つの傍証である。新井白石（一六五七〜一七二五）は、一七一六（正徳六）年に著わした『古史《こし》通或問《つうわくもん》』において、「倭女王卑弥呼と見へしは、日女子と申せし事を彼國の音をもてしるせしなるべし」、「魏志に倭女王奉献の事の見へしは、神功皇后の御事とみへけり」と述べており、「卑弥呼＝日女子＝神功皇后」との認識を示した。

卑弥呼＝神功皇后説は、明らかに間違いだが、白石が試みた邪馬臺国へ至る諸国の地名比定のうち、対馬、壹岐、末盧国、伊都国、奴国、などの比定は、今や定説化して揺るがない。松下見林や新井白石がヤマト論者であったことは、以上の典拠から明らかだ。

では九州説はどこから始まるのか。江戸中期まで当然のこととして広く行われてきた正しい読み方を放棄して、迷路に導いたのは本居宣長に始まる国粋主義であり、その亜流にほかならない。

可信故今以正史爲斷後委奴國王遣使奉貢朝賀於漢使人自稱大夫光武帝賜以印綬日本天明四年筑前那珂郡人掘地得一石室上覆巨石下以小石爲柱中有金印一蛇紐方寸文曰漢委奴國王余嘗於博覽會中親見之日本學者皆曰那珂郡古爲怡土縣日本仲哀紀所謂伊都縣主即魏志所謂伊都國是也上古國造百三十餘國其在九州者分十九國在四海者分爲十國漢書地理志倭人分爲百餘國三國志倭人舊邑百餘國漢時有朝見者今使驛所通三十國二書所謂百餘國與國造本紀相符所謂三十國蓋指九州四海之地地在日本西南海濱距朝鮮最近此委奴國意必古伊都縣主或國造之所爲並非王室之所遣其曰委奴譯音無定字云余因考魏志云到伊都國世有王皆統屬女王國郡使往來常所駐後漢書云委奴國倭國之極南界也又云其大倭王居邪馬臺國邪馬臺即大和之譯音崇神時蓋已都於大和矣謂委奴國非其王室此語不誣特識於此又於安帝時遣使獻生口百六十人願請見神功皇后四十七年遣大夫難升米等詣帶方郡求詣天子朝獻太守劉夏遣吏將送詣京都魏明帝詔書報倭女王曰制詔親魏倭王卑彌呼帶方太守劉夏遣使送汝大夫難升米次使都市牛利奉汝所獻男生口四

黄遵憲『日本國志』（小樽商科大学図書館特殊文庫貴重図書全文画像データより）

7　既知ルートは距離で表記、畿内ヤマトまでは日数で表記

距離と日数を合算しても始まらない

『魏志倭人伝』の地理志の性格を考えてみよう。近代的測量法が一般化する以前に行われていた「絵地図」を考えると、前景が大きくはっきりと描かれ、後景に退くにつれて、描かれたものは曖昧になり、暈けてくる。

帯方郡から伊都国までは、直接的交流を反映して、相対的に確度の高い情報によって距離で描かれる。既知の旅行であることは『魏志倭人伝』が、「［帯方］郡使往來常所駐」と書いていることから分かる。帯方郡の使者が往来し、滞在しているから、直接的見聞による情報である。

その先になると、「伝聞情報」による記述が増えて、確度の劣る伝聞情報になる。「確度の高い情報」と「低い情報」とを加算して、この数字を絶対化したことが東大系論者のもう一つの致命傷だ。すなわち『魏志倭人伝』には、帯方郡から邪馬臺国まで「一万二〇〇〇余里」と書かれているが、この記述をどう読むかがもう一つの論点になる。

まず『魏志倭人伝』の記述する数字を足し算してみる。

帯方郡から狗邪韓国まで七〇〇〇余里

狗邪韓国から対馬まで一〇〇〇余里（八〇〇〇）

対馬から壱岐まで一〇〇〇余里（九〇〇〇）

壱岐から末盧まで一〇〇〇余里（一〇〇〇〇）

末盧から伊都まで五〇〇里（一〇五〇〇）

伊都から不弥まで一〇〇里（一〇六〇〇）

不弥から奴国まで一〇〇里（一〇七〇〇）

以上を合計すると、一万七〇〇余里になる。ところで、帯方郡から邪馬臺国までは「一万二〇〇〇余里」とされている。

帯方郡から不弥国までが一万七〇〇余里であるとするならば、不弥国から邪馬臺国までは、引き算によって「一三〇〇余里」でなければならない計算になる。

これは中国の一里は五〇〇m＝〇・五kmであるから、概算で六五〇キロと見ても、畿内の大和に到着できる距離ではない。この距離ならば邪馬臺国の故地は九州に求めるほかない。これが九州説の最も強固な論拠であった。

白鳥庫吉に始まり、戦後の榎一雄に至るまで、東大東洋史系の研究者たちは、「一万二

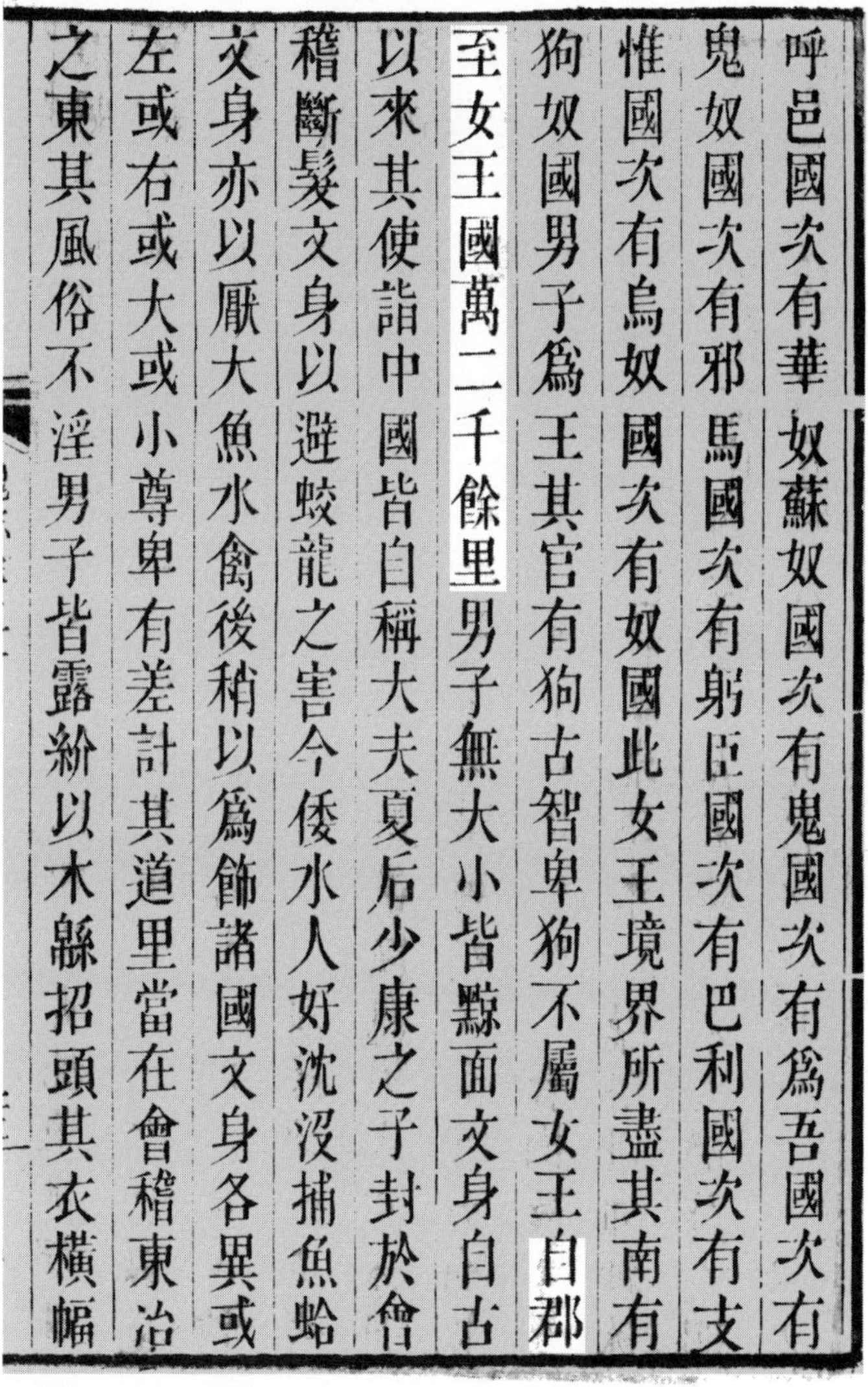
呼邑國次有華奴蘇奴國次有鬼國次有爲吾國次有
鬼奴國次有邪馬國次有躬臣國次有巴利國次有支
惟國次有烏奴國次有奴國此女王境界所盡其南有
狗奴國男子爲王其官有狗古智卑狗不屬女王自郡
至女王國萬二千餘里男子無大小皆黥面文身自古
以來其使詣中國皆自稱大夫夏后少康之子封於會
稽斷髮文身以避蛟龍之害今倭水人好沈沒捕魚蛤
文身亦以厭大魚水禽後稍以爲飾諸國文身各異或
左或右或大或小尊卑有差計其道里當在會稽東冶
之東其風俗不淫男子皆露紒以木緜招頭其衣橫幅

魏志倭人伝：晉陳壽撰ほか『三國志 65 巻』［9］成都書局殿版摸刊、同治 10。
国立国会図書館デジタルコレクション

［帯方］郡から女王国まで一万二千余里。

〇〇〇余里」に呪縛されてきた。しかし、実はかなり滑稽な図柄である。

第一の問題は、「一万二〇〇〇余里」が正しい数字か、という問題である。実測であるはずのないことは容易に推測できるが、この数字の信憑性を問うのに最もふさわしい数字が『旧唐書倭国日本国伝』にある。

冒頭の一句を読んで見よう。「倭国は古の倭奴国なり。京師を去ること一万四千里」。これを『魏志倭人伝』と比較して見よう。『魏志』では、朝鮮半島の「帯方郡から女王国まで」を「一万二千余里」としている。『旧唐書』では、京師、すなわち長安（今日の西安）から倭国までを「一万四千里」としている。この記述をそのまま受け取るならば、帯方郡から長安までがわずか「二千里」すなわち約一〇〇〇キロになってしまう。『旧唐書』の作者劉昫《りゅうく》（八八七～九四六）は『魏志・倭人伝』を引写しながら、植民地の「帯方郡」と本国の首都長安と置き換えながら、距離についてはわずか「二千里」を増やすだけで糊塗しているのだ。この地理感覚、距離感覚は相当に杜撰《ずさん》である。ここで、課題は杜撰なのは劉昫だけなのか、と問うことであろう。『魏志・倭人伝』の作者陳寿《ちんじゅ》（二三三～二九七）も五十歩百歩ではないかと問うべきなのだ。

アバウト主義の距離感覚という点では、両者共に共通しており、この二つの例を見ただ

倭國者古倭奴國也去京師一萬四千里在新羅東南大海中依山
島而居東西五月行南北三月行世與中國通其國居無城郭以木
爲柵以草爲屋四面小島五十餘國皆附屬焉其王姓阿每氏置一
大率檢察諸國皆畏附之設官有十二等其訴訟者匍匐而前地多
女少男頗有文字俗敬佛法並皆跣足以幅布蔽其前後貴人戴錦
帽百姓皆椎髻無冠帯婦人衣純色裙長腰襦束髮於後佩銀花長

『旧唐書倭国日本国伝』岩波文庫版 129 頁。
倭国は京師（長安）を去ること一万四千里。

けでも、これらの数字を金科玉条のごとく扱うことの無意味さは、明らかではないか。東大系秀才・碩学諸氏の「木を見て森を見ない」近視眼には、ただ驚きの一語のみである。

朝鮮半島南端にあった狗邪韓国《くやかん》から「始度一海千里」によって対馬国に至ると書き、次いで「又南渡一海千里」で壱岐に至るとし、「又渡一海千里」で末盧國（すなわち唐津あたり）に着く、というのが北九州までの書き方である。

釜山から下関までの関釜連絡船の直線距離は二四〇キロメートルにすぎない。小舟で島伝いにくるから、実際の海里がその三倍とみても、七二〇キロメートル程度の船旅であろう。

記述されている三千里を仮に「魏の尺度」で計算して、「約千三百キロメートル」と換算しても、実際の航路旅程の約二倍である。

しかも、「対馬まで、壱岐まで、唐津まで」をいずれも「千里」としているのは、「数字をまるめた」にしても、かなりアバウトな表記であることが分かる。ここでの「千里」とは、文字通りの四三四キロメートルではなく、「千里迢々」（千里はるばる）といった語感であろう。

「不弥国から邪馬臺国までは一三〇〇余里でなければならないから、畿内にはたどりつけず、九州だ」とする解釈は、「帯方郡から長安まで二千里をはるかに超える」ので、「唐代の京師を長安の代わりに、大都燕京にしよう」といった珍説に近い。

『魏志倭人伝』の「一万二千里」をほとんど唯一の明示的根拠として九州説を主張した学者たちが『旧唐書・倭国日本伝』の「一万四千里」を敢えて無視する理由を寡聞にして聞かない。だが、二つの史書を重ねて読むことなしには、「一万二千余里」なり、「一万四千里」の意味を理解できないであろう。

今「千里迢々」のことばを引いたが、「万里」になると、もはや「万里長城」であり、「万里長征」である。唐の詩人王昌齢《おうしょうれい》（六九七～七六五）風ならば「万里長征人未還」であり、出征したら帰還できるかどうか分からないほどのアナログ感覚の距離なのだ。これを四〇〇〇キロなり、五〇〇〇キロとデジタル換算するだけの近代主義では、中国の史書の読み方としては落第ではないか。これらの数字の読み方としては、かなりの範囲で誤差を想定すべきであり、九州か、畿内かの違いをこれらの数字に依拠することはできまい。畿内説を批判したいのならば、別の論拠に依拠するほかないはずだ。

なお楽浪郡（あるいは帯方郡）から倭国（あるいは邪馬臺国）までの距離を一万二千里と書いている例は、『魏志倭人伝』のほか、『後漢書』『梁書』『北史』『隋書』などに見られる。長安から倭国あるいは日本までの距離を一万四千里と書いているのは、『旧唐書』のほか、

『新唐書』などである。

8　境界の尽きるところ＝「統属」の範囲

ここで一つの問題は、「自〔帯方〕郡至「女王國」萬二千里」の個所は、女王国の首都ではなく、「此女王境界所盡」の文脈で読む視点ではないか。伊都国の王は代々皆「統屬女王國」、女王国に「統属」していた。女王国すなわち邪馬臺国の境界は、伊都国まで及んでいたと記されている事実と併せて読むと「倭王」と「大倭王」（『後漢書』）の違いに気づく。「女王国」の都はヤマトにおかれたが、「統属」（服属）範囲は、北九州まで及んでいたことを示唆する。このいわば「女王国の勢力範囲」全体を指して、「帯方郡から女王国（ヤマト国）まで」を「一万二〇〇〇里」と総括したと見るのが一つの解釈である。

ここで描かれている状況は、「旧百余国」の倭人の世界が女王国すなわち倭国に統一される過程の観察であり、畿内のヤマトが九州北部をも含む「拡大大和」に発展する時期のものだ。この意味で、伊都国が女王国に「統属」（服属）されているとする記述が、着目を要する。

9　笠井新也論文との出会い

私は、「邪馬臺国即大和なり」という仮説を反芻しながら、いくつかの邪馬臺国論文集をめくり、どの論者が私の想定と似ているかを考えてみた。まず九州説はすべて間違いとして除外する。残った大和・畿内説のうち、瀬戸内海コースを想定した論文を排除すると、残った唯一の論文が笠井新也のものであった。このような過程で選択した笠井論文四篇を今度は丁寧に読んでみた。それらは論旨が明快であり、門外漢にとってたいへん読みやすいものであった。四篇を読み終えて、私は『魏志・倭人伝』と『日本書紀』の記述とを対照させて読み解く、文献学的研究は、基本的にこれで完成したのではないかという印象を抱いた。真理の探求は探り当てるまでは、長く困難な努力を要する。しかし結論が分かって見ると、その説明はきわめて容易な場合が多い。

笠井が長い研究の果てにたどりついた結論は、「卑弥呼の墓は、箸墓以外には考えられない」「卑弥呼は、倭迹迹日百襲姫に比定するのが、最も合理的な推定である」、というものであった。笠井新也が戦前の時点で、『魏志倭人伝』と『日本書紀』とを重ねて読み解くことによって到達したこの結論は、邪馬臺国問題の全面的解決として画期的であったにもかかわらず、これが一冊の本にまとめられるに至らなかったことは惜しんで余りある。汗牛充棟《かんぎゅうじゅうとう》の類書の海で、笠井の先駆的な業績が、ほとんど忘れられようとしていた状況は、まさに経済学にいうグレシャムの法則（悪貨は良貨を駆逐する）を彷彿させる。＊

＊　佐伯有清『邪馬台国論争』は、笠井の学説を一三五～一四一頁、一五〇～一五三頁で紹介しつつ、のちに肥後和男、和歌森太郎、白石太一郎などが倭迹迹日百襲姫説あるいは箸墓説を説いていると記している。しかしこれは学界の交通整理であり、佐伯自身がどのように評価しているのかは、よく分からない。

10　佐原真『魏志倭人伝の考古学』

佐原真（一九三二～二〇〇二）『魏志倭人伝の考古学』（岩波現代文庫、一九九七年）から四カ条を引用しておく。これはいずれも笠井史学の正しさを補強するうえで、役立つ知見であろう。一「邪馬臺でなく邪馬壹かという議論がありますけれど、そもそも南宋の刊本で字が正しい、おかしいと論じること自体がおかしいのだ、と福永〔光司〕さんはいうのです」（三一頁）、二「考古学が新しい事実を明らかにしていくほど、魏志倭人伝の記載と合ってきています」（九頁）、三「北部九州では、遺体はかめ棺の中にあって、土と直接触れないからこそ人骨が残り織物も残るのです。条件の違う北部九州と畿内とを比べること自体が考古学の比較としてあやまりだ、と私は思います」（九四頁）、四「邪馬壹国畿内説に与している王［仲殊］さんの意見はなぜかあまり紹介されていません」（二九五頁）。

私が笠井新也の邪馬台国論に接して白鳥庫吉を批判して以来、十数年を経た。二〇二一年三月二七日NHK・Eテレ特集は「誕生ヤマト王権～いま前方方円墳が語り出す～」を放映した。これはヤマト王権を箸墓古墳の前方後円墳形式から論じたもので、一九一〇年以来の謬論を是正する方向を示唆した記念すべき番組と評価してよい。実はこれに先立ち、高田貫太『海の向こうから見た倭国』（講談社現代新書、二〇一七年）を読んで深い感銘を受けていた。というのは、邪馬台国論争に終止符を打つ――すなわち、考古学の研究成果によって笠井説が実証される日の到来を願ってやまない、と書いた予想が実証されつつある最新の研究成果を高田の著書が示唆していたからだ。高田自身は示唆するだけにとどめ、邪馬台国の所在に直接言及してはいないが、箸墓古墳における前方後円墳形式の確立をもってヤマト王権の成立を確認する考え方は、まさに笠井新也が百年前に（多分白鳥庫吉の所説に抗して）探究した方向と符合する。朝河貫一に戻れば、彼は邪馬台国の所在については一言も触れていない。しかしながら、朝河の史書解読法を少し応用して、私は笠井新也を再発見した。その笠井新也説が百年後に考古学の成果によって実証されつつあることは、近来の快事である。それは同時に帝国主義史学の埋葬をも意味する。

原載、『天皇制と日本史』二〇二一年、集広舎

第二部　『日本書紀』の読み方

1　笠井新也の邪馬臺国論

中学教師を務めながら、卑弥呼・邪馬臺国論に取り組んだ笠井新也は、第二次世界大戦以前すでに文献学的に解明できる邪馬臺国の問題点をほとんどすべて解決していたように筆者には思われる。にもかかわらず、「徳島の郷土史家」「在野の歴史家」といった色眼鏡で見られ、十分な評価を受けてこなかったように感じられる。小稿はその輝かしい業績に対して全面的評価を試みたい。

笠井は戦前の時点で邪馬臺国への道を日本と中国双方の文献学レベルでほぼ完璧に証明していた唯一の研究者である。これまで東京帝大系白鳥庫吉《くらきち》史学や、部分的には京都帝大系内藤湖南《こなん》史学の呪縛によって、笠井史学に対する然るべき評価が欠如していたことは、はなはだ遺憾である。「学閥」というよりは、むしろカルトにも似た時代の空気が研究者の自由な思考を妨げてきたように思われる。

戦前の邪馬臺国論は皇国史観の妖気に幻惑されて、まことに死屍累々《ししるいるい》の様相を呈しているが、ひとりわが笠井新也のみが異彩を放っている。笠井は徳島県生まれ、國學院大学卒、長らく郷里で旧制中学の教師を勤めながら考古学の研究を続け、晩年は徳島大学の講師も務めた。

笠井は邪馬臺国について都合四篇の論文を書いている。すなわち①「邪馬臺国は大和である」（『考古学雑誌』第十二巻第七号、一九二二年三月）以下、大和①と略す。②「卑弥呼時代に於ける畿内と九州との文化的並に政治的関係」（同前、第十三巻第七号、一九二三年三月）以下、夷守《ひなもり》②と略す。③「卑弥呼即ち倭迹迹日百襲姫命《やまとととひももそひめのみこと》（1）」（同前、第十四巻第七号、一九二四年四月）以下、百襲姫③と略す。④「卑弥呼の冢墓と箸墓《はしはか》」（同前、第三十二巻第七号、一九四二年七月）以下、箸墓④と略す。*

＊　③と④の間には一八年の間隔がある。その理由は不明だが、④には一八年の熟慮を待って、ますます①〜③の分析に自信を深めた旨が記されている。

2 「邪馬臺国は大和である」について

大和①「緒言」の論旨は、次のごとくである。邪馬臺国《やまたい》がどこかという問題さえ解決すれば、卑弥呼《ひみこ》が九州の女酋《じょしゅう》であるか、大和朝廷に関係ある婦人であるかの問題は決定できる。卑弥呼が何者かを解決すれば、邪馬臺国が畿内にあるか、九州にあるかは自ずから決する。『魏志倭人伝《ぎしわじんでん》』の記録においては、卑弥呼よりも邪馬臺国のほうがより具体的である。それゆえ邪馬臺国の分析から着手する。

大和①「邪馬臺国推定の標準」の論旨は、次のごとくである。その一、地名の一致。邪馬臺国の推定を試みるには、まず地名の一致を標準におかなければならない。その二、遺跡の一致。邪馬臺国は倭王の都するところで、七万の戸数を有し、倭国における文化の中心地であった。それゆえ相当の遺跡が後世に残らなければならない。その三、行路・行程の一致。邪馬臺国の位置を推定するには、『魏志』の記載する行路・行程と一致することを最も重要な条件としなければならない。以上の三条件からして、邪馬臺国は畿内大和地方でなければならない。その理由は、第一に大和が邪馬臺に語音上一致する。第二に大和は戸数七万の繁衍地《はんえんち》として恰好であり、古墳その他の古遺跡に富む。この二カ条である。

大和①邪馬臺国への行路・行程の論旨は、次のごとくである。『魏志』の記述のうち、帯方郡から奴国までの定説、すなわち対馬、壱岐、松浦、怡土、儺県(博多)には問題なし。不弥は津屋崎に推定した。水行二十日の出発点であるから内陸ではなく、水路の出発点を比定すべきだ。最も重大なのは投馬国の比定である。日向、薩摩、筑後など九州に求めようとするのは「南、投馬国に至る」の「南」に引きずられたものだ。この場合、「南」を正しいとすれば、邪馬臺国は琉球付近の海中に没する。

魏志の方位は、伊都を経て奴国に至るまで、いつも東北を以って東南と記している。されればその謂う所の東は正に北を指すものであり、その謂う所の南は正に東を指すものと見なければならない。*

＊ 魏志が末盧以後の方位を誤った心理に就いて一考するのに、狗邪韓国より対馬・一支を経て末盧に着するまで、その海上の航路は凡て南方に向かっているので、これが先入主となって、倭国の領内深く進んでその都に達するまでの方向を、凡て大体に於いて南方に向うものと考えたものであろう。

大和①より

それゆえ南が「東」を指すと考えて大過ない。内藤湖南は周防国玉祖郷とし、三宅米吉は備後国鞆としたが、誤りだ。海賊の危険のある瀬戸内よりは日本海コースを選び、山陰「出雲」に比定すべきだ。たとえば大加羅国の王子都怒我阿羅斯等《ツヌガアラシト》は出雲を経て敦賀経由で大和に入った（垂仁記）。

更に一層具体的にいえば、不弥国以後の行程は山陰の近海を航し、出雲（或は但馬地方）に寄泊し、更に東航して畿内北方の門戸として古代史上に著名なる敦賀に上陸し、越前・近江及び山城を経て、大和即ち邪馬台国に入ったものであろうと余は考えるのである。

大和①より

仲哀《ちゅうあい》天皇や神功《じんぐう》皇后の征西は、敦賀経由でこの行路を逆行している。要するに越前敦賀は大陸文化の輸入基地であり、畿内の北門・港湾であることに着目せよ。こうして笠井は『魏志』の行程は、出雲を経て敦賀で上陸し、越前、近江、山城を経て、陸行一月を費やして大和に入ったと考え、「湖南のディレンマ」を見事に解いた。湖南は畿内説としては正しかったが、難波の港から大和までは数日の行程にすぎず、「陸行一月の矛盾」を解決できなかったのだ。*

＊　小路田泰直『奈良試論』は由良川・加古川・紀ノ川ルートという興味深い仮説（八～九頁）を提起しているが、ここでは立ち入らない。

ここで笠井の慧眼が光るのは、投馬国＝出雲説を推定する論拠である。たとえば第一に『魏志』にいう「戸数五万」は出雲以外には想定しにくい。第二にこの地方が大陸との交通地であった。第三に『魏志』は不弥国・投馬国間を水行二十日、投馬国・（上陸地）間を水行十日としているが、津屋崎・松江間は約一一〇里、松江・敦賀間は約七〇里であるから、二対一の比例はほぼ保たれている。第四に投馬の「投」の古音は「ヅ」であり、投馬は「ヅマ」である。「イヅモ」の「イ」は母音の発語で音が軽いから自然に省かれ、しかも「マ」と「モ」は相通ずるから、出雲・投馬の両地名は全く一致する。第五に出雲は上古において北海行路の寄港地であった。以上、五つの論拠を挙げて、日本海ルートを提起して難問を一挙に解いた。＊

＊　なお佐伯有清『邪馬臺国論争』は、初めて「山陰」行程説を提唱したのは、一九二二年四月から八月にかけて『考古学雑誌』に掲載された山田孝雄の「狗奴国考」の「投馬国は何所なるか」においてであった、と書いている（七七～七八頁）。笠井は同じ雑誌の三月号でこう書いている。「然らば翻って投馬国の位置は如何か。既に魏志の行路が北海を迂回していることが明かであるとすれば、それが三宅・内藤の両博士が試みられた如く、内海の沿岸に求むべきではなくして、正に山陰の沿岸に求むべきであることはいうまでもあるまい。然らば、これを山陰の何処に求むべきであ

るか、余は最初但馬及び出雲の両国を以てこれが候補地として考察を試みたのであるが、その結果、終に出雲国を以てこれに比定するのが妥当であることを信ずるに至ったのである」。とすれば、投馬国＝出雲説の嚆矢は笠井であることが明らかではないのか。改めて山田孝雄論文を調べてみると、実は『考古学雑誌』に書かれた山田論文は『世界』（第78、80、81、83号、明治四三〜四四年）から転載されたものであった。この意味では確かに山田が日本海ルートの嚆矢であった。ただし、山田は「出雲あるいは但馬」説であり、出雲一国に特定した嚆矢はおそらく笠井である。

3 「畿内と九州との文化的政治的関係」について

夷守②「畿内と九州との関係」の論旨は、次のごとくである。当代において九州（特にその北部）はすでに文化的に畿内あるいは大和朝廷の支配を受けていた。遺跡・遺物において多少の特殊的事実を除くほか、九州のそれと畿内のそれとがほぼ同じ性質のものであることは、考古学上明らかな事実である。特殊の例外を除いて、畿内地方の文化が西漸《せいぜん》したものと見るのが妥当である。たとえば前方後円式古墳、長持ち形石棺の形式、埴輪等が畿内地方に起こり、漸次九州に流布しただけでなく、勾玉《まがたま》・管玉《くだたま》等の玉類、土師《はじ》部《べ》系の各種土器等、いずれも九州へ西漸したものとみてよい。では九州と畿内の政治的関係はどうか。湖南は『魏志韓伝』「弁辰伝」に依拠して、「狗邪韓国は倭国の一部なり」「任那は我が国に服属していた」と主張した（『芸文』一巻三号）。この湖南説を笠井はこう批判する。

狗邪韓国がもし倭国の一部ならば、『魏志倭人伝』において、対馬・壱岐以下の諸国におけると同様に、件《くだん》の狗邪韓国についてもその官制・地理・土俗等について記述すべきはずである。しかるに……何らその他の記載をしないのは、それが倭国に至る途中の寄泊地にすぎないことを示すものと見なければならないのである。　夷守②より

つまり大和朝廷の政治的勢力がすでに韓半島まで及んでいたとする湖南説は支持しがたい、と。

さらに笠井はいう。『魏志倭人伝』に見える「卑奴母離」すなわち「夷守」という官職に注目すべきだ。『日本書紀』『和名抄』『延喜式』『万葉集』等には夷守という地名・人名が散見される。夷守は大和朝廷が西海・北陸・東山諸道の僻遠の要地に置いた官職で、異族に対して辺土を守らせたものである。外には大陸諸国、内には熊襲《くまそ》あるいは隼人《はやと》その他の異族に対して西海における辺要の地を守るべく大和朝廷が設置した官職であることは推定に難くない。「卑奴」と「母離」の両語は大和朝廷に密接に関係する用語であり、九

州の豪族あるいは酋長などとは無縁である。

魏志倭人伝にいわゆる卑奴母離は即ち夷守であって、我が大和朝廷が外は大陸に対し、内は熊襲隼人ないしその他の異俗に対して九州辺要の地を戍《まも》らしむべく特に設置したものに相違ないのである。しかれば当時我が大和朝廷の政治的勢力が、少くとも九州の北部を支配していたことはいうまでもあるまい。

夷守②より

大和朝廷は当時既に統一ある国家を建設し固有の文化を醸成し、その政治的勢力は九州地方を支配し、南韓にまでその勢力を伸べようとする形勢にあった。それゆえ卑弥呼をもって九州の女酋とし、邪馬臺国をもって九州の一地方とするがごとき見解は、不自然かつ不妥当である。笠井の言葉は穏やかだが、九州説の視野狭窄《きょうさく》に対する批判は厳しい。「卑奴母離」の四文字から、ここまで解読した笠井の慧眼はいよいよ光る。

4 「卑弥呼すなわち倭迹迹日百襲姫命論」について

百襲姫③「卑弥呼《ひみこ》即倭迹迹日百襲姫命《やまとととひももそひめのみこと》」論の論旨は、次のごとくである。

卑弥呼については、古来九州の女酋とする説と大和朝廷に関係ある婦人とする説との二つの主張があったが、いわゆる邪馬臺国が大和であることが明らかになった以上、「九州派の」女酋説は当然撤回されるべきである。

然らば、大和朝廷関係の婦人中、誰をこれに擬すべきか。これに擬すべき人物を見出し得るか。これが最後の問題である。「余は卑弥呼に擬定するに、我が古代史上著明な倭迹迹日百襲姫命を以てしたいと思う」（緒言）。笠井は『魏志』の卑弥呼に関わる記述を引用したのち、こう書いた。

卑弥呼は、我が上古祭政一致の時代における宗教的女王であって、常に祭祀を事とし、神意を奉じて民衆を服せしめたものであろう。その生死の年月は明確ではないが、魏の景初二～三年の頃に始めて使を魏に遣わし、正始八～九年の頃に死んだことが、魏志の文によって知られるので、その年代も略々推定されるのである。（「魏志に現れている卑弥呼」）

百襲姫③より

「卑弥呼の『魏志』に現れている年代が、これを我が国史の年代に引き当てる時は、恰も崇神天皇の御代に当ることは余輩の信じて疑わない所である」(「国史における卑弥呼の年」)。崇神天皇の崩年について、菅政友『古事記年紀考』、那珂通世『上世年紀考』を援用して、考証しつつ、笠井はいう。「卑弥呼の死と崇神天皇の死とは、僅か十年前後しか相違しないので、卑弥呼の時代は即ち崇神天皇の時代であるとは、もはや疑を容れない」(「国史における卑弥呼の年」)。

笠井は崇神紀から倭迹迹日百襲姫命についての記述を引用したのち、こう説く。

倭迹迹日百襲姫命は、崇神朝第一の女傑であって、その神意を奉じて奇跡を行い、未然を識って反逆を看破する等、当朝の信頼と畏敬とを受けるに十分であったに相違ない。そうしてその勢望の帝王をも凌駕する有様であったことは、その陵墓築造の大規模であったことによっても想察される。さればこの命をもって『魏志』にいわゆる卑弥呼に擬することは決して無謀ではなく、大いに理由あることと信ずるのである。

(「日本書紀に現れている倭迹迹日百襲姫命」)

百襲姫③より

笠井は次いで『魏志』における卑弥呼についての直接的記述の意味をこう説く。第一に「名曰卑弥呼」――卑弥呼はヒメミコトの義で、我が古代における高貴の婦人に対する尊称である。倭迹迹日百襲姫命は孝元《こうげん》天皇の皇女で、崇神《すじん》天皇の姑《おば》その御名の語尾に「姫命」の語を含んでいるのは、卑弥呼の名称によく一致している。第二に「事鬼道、能惑衆」――この一句は卑弥呼の個人的特質を現した最も重要な記事である。卑弥呼は常に神威を借りての宗教的奇跡などを行い、もって民衆を畏服、信仰せしめたことを指している。倭迹迹日百襲姫命もまた一種の神女であって、時々宗教的奇跡などを行い、一般の尊崇・信仰を受けていた。国民が災害のために苦しんでいる際に、神明憑《かみがかり》して神の教を宣伝したり、よく未然を識るの能力をもって、国家の危難を予言した。その墳墓は、昼は人が作ったが夜は神が作ったといわれるのも、その墳墓の築造が非常な大事業であったことを示す。第三に「年已長大、無夫婿」――卑弥呼は神に奉仕する身であるから、信仰上、結婚を敢えてしなかった。倭迹迹日百襲姫命もまた神に奉仕する身として、処女で終わったらしく、結婚もしくは子孫に関する記載がない。「為大物主神《おおものぬしのかみ》之妻」という記事は、三輪山伝説に属するフォークロアであり、史実と見るべきではない。第四に「有男弟、佐治国」――卑弥呼は専ら神に奉仕して神意を伺い、国家統治の実務は別に男弟があってこれに当たるという。倭迹迹日百襲姫命の場合、国家統治の実務に当たったのは、崇神天皇である。天皇は命の弟ではなく、甥に当たる。弟と甥の誤りは、ありそうな誤りで、国外人の観察もしくは見聞として恕すべきである。ここで聊か矛盾を感じるのは、『魏志』の場合は、卑弥呼が主で、所謂男弟は従の態であるのに、『書紀』では、命は従で、天皇が主となっていることだ。しかし、太古祭政一致の時代においては、祭祀すなわち政治であって、神に奉仕する者と国を治める者とは、一体両面的関係にあった。たまたま来朝の外人、しかも我が国体に深く通じない外人の眼に、主客転倒の観察をなさしめたことは、ありうべきことと思う。第五に「自為王以来、少有見者、唯有男子一人、給飲食、伝辞出入」――卑弥呼は常に神に奉仕しているので、外界と交通する場合が少なく、ただ一人の舎人《とねり》の如き者が出入りし、飲食を給し、その他の雑役を務めるという。『書紀』には直接これに対比すべき記載を欠いているが、倭迹迹日百襲姫命が神女として神に奉仕している以上、かくもあっただろうことは、想像に難くない。第六に「以婢千人自侍」「居処宮室、楼観城柵厳設、常有人持兵守衛」――卑弥呼は常に宮殿に居住して千人の侍女にかしづかれ、外には城柵を繞《めぐ》らし、楼閣を設け、警衛はなはだ厳重であるという。その「婢千人」「楼観城柵」というの如きは、必ずしも文字通りに解釈すべきではなかろうが、威儀、威勢の盛んであったことは察せられる。倭迹迹日百襲姫命の場合、直接これらに対比すべき記載はないが、その墳墓築造の大工事であったことなどから考える時、その宮殿の如きも、相当に大規模であったと推察される。

すでに六つの観点から見たように、年代の一致あり、今また人物・事跡の一致あり、両者の一致はこれだけに留まらない（「人物・事跡の一致」）。

5 「卑弥呼の冢墓と箸墓」について

笠井新也は一九二二〜二四年に書いた上記三論文において、卑弥呼と邪馬臺国を日中の文献解読に依拠して具体的に比定することに、ほぼ完全に成功していた。しかし笠井の最後の論文は「或事情」の故に、その発表が一八年間遅れることになった。「或事情」の内容を笠井は説明していないが、これが自らの学説の修正あるいは訂正に関わるものでないことは、明記されている。「その所説の骨子は、一八年前の腹案に過ぎないことは慚愧《ざんき》の至りである。しかしながら、この年月を隔てた今日、冷静に自説を反省吟味しても、尚この主張が、決して一時の思いつきでなく、必ずかくなければならぬという自信を得るに至ったことは、むしろ幸いであったとも思われる」（一九四二年、「箸墓」④）。読者は明治男の「慚愧の至り」といった表現に惑わされてはならない。「（この論点は）必ずかくなければならぬという自信を得るに至った」と笠井が書くとき、彼は「卑弥呼と邪馬臺国のナゾを一八年前に完璧に解いた」という自負を再確認しているのだ。笠井の第四論文「箸墓《はしはか》」④は、いわばだめ押しの解説である。これは卑弥呼の墳墓についての『魏志』の記述と倭迹迹日百襲姫命の墳墓についての『書紀』の記述が如何に合致しているかを論証したものである。

卑弥呼の墳墓について『魏志』はこう書いている。

卑弥呼以死、大作レ冢。径百余歩。徇レ葬者奴婢百余人

笠井はここで中国歴代の史書外国伝のなかで、墳墓築造の具体的記載としてこれが唯一のものであることに着目した。そして卑弥呼の墳墓が中国の国史にまで採録されるに至ったのはなぜかを考える。「その直接的原因は、蓋《けだ》しそれが支那本土に伝えられる前に、まず倭国の国内において、相当大仰に喧伝されていたからであろう。如何なる事実も、まずその国内において喧伝されなければ、突然外国にまで喧伝されるが如き事は、極めて特殊の場合の外、あり得ないからである」（「墳墓築造に関する志・紀の記載」）。百襲姫命の墳墓を崇神紀から引用した後、笠井はこう解説する。「その墳墓が如何に壮大であり、その築造が如何に大工事であったかは、この文によって想像されよう。「是ノ墓ハ日《ヒル》ハ人作り、夜

ハ神作ル」とある。神の援助なくしては完成し難いとまで、当時の人をして信ぜしめた程大工事であった」。「故《カ》レ大坂山ノ石ヲ運ビテ造ル、則チ山ヨリ墓ニ至ル、人民相踵《ツ》ギテ、手ヲ以ツテ逓伝《テイデン》シテ運ブ」とある。如何に多数の人民がこの役に使用されたかが想像される。

　試みに、この石材逓伝に要した人民の数を想定してみる。まず箸墓の所在地は大和国磯城郡織田村字箸中（奈良県桜井市箸中）である。大坂は同国北葛城郡二上村の国境付近を指した。両地の距離は直線距離約四里十町である。これに道路の迂回を考慮して、その一割を加算すると、約四里二五町となる。一間に二人宛て配するとすれば、一里に四三二〇人、総計二万二八〇人となる。石材の逓伝運搬に要した人数だけでもこれだけになる。そして「時人歌ヒテ曰ク、大坂ニ踵《ツ》キ上レル石群ヲ、手越シニ越サバ越シガテムカモ」とある。当時かくの如き民謡までが、時人の間に流布して、謡い囃された。如何にこの大工事が、当時の世上に喧伝されたかが想像できる。崇神紀には、その墳墓の大きさについて、数字的記載を欠《か》いているけれども、それが「径百余歩」という『魏志』の記載に背かないことは肯定できよう。

　記紀を閲するに、神武天皇以下開化天皇の条に至るまで、歴代の陵墓については、その所在地を記すのみであって、その築造に関する記載を見ない。そして崇神天皇の条に至って、突如としてこの百襲姫命の墳墓築造に関する、注意すべき記載をみる。……かくのごとく、我が古史の墳墓築造に対する記述は、極めて冷淡であるにもかかわらず、独りこの百襲姫命の御墓についてのみ、前述の如き大仰な記載をしたのはなぜであろうか。

箸墓④より

笠井はここでこう考える。

思うに、我が国は、開化朝より崇神朝の頃に及んで、大陸との交通ようやく頻繁となり、高度の支那文化の影響を受けて、文物の進歩著しく、国運の隆昌またこれに伴い、墓制の如きもこの機運に乗じて一大飛躍をなし、かつ対外的意味も加わって、空前の発展を遂げたものと思われる。そして百襲姫命の御墓は、実にこの新機運に際して始めて築造されたものであって、数万の人民を使役し、長期の年月を貫して遂行されたこの空前の大工事が、いかに当時の人々の耳目を聳動《しょうどう》せしめたかは、想像に難くない。『魏志』における卑弥呼の冢墓に関する記載は、実に支那史籍中、倭人の墳墓築造に関する唯一の特殊的記載である。そして我が『日本書紀』における百襲姫命の御墓に関する記載もまた、我が国史中、墳墓築造に関する唯一特殊の記載である。……さればいわゆる卑弥呼の冢墓とは、即ちいわゆる百襲姫命の御墓である箸墓を指したものではなかろうか……すでに年代の一致あり、人物事跡の一致あり、そしてまた墳墓に関する記載の合致を見る。卑弥呼即ち百襲姫命であることは、いよいよ決定的である。

（「墳墓築造に関する志・紀の記載」）箸墓④より

笠井はこの後、「殉葬の問題」「卑弥呼の冢墓としての箸墓」「墳形の問題」を四〇〇〇字詰三〇余枚費やして詳論しているが、ここでは紹介を省く。こうして笠井は、『魏志倭人伝』と『日本書紀・崇神紀』に即して、年代の一致、人物事跡の一致、そして墳墓の一致、を論証しきった。いまや文献学的研究に関する限り、ほぼ完璧に卑弥呼と邪馬臺国のナゾは解かれた。

『日本書紀』の読み方について　笠井新也・朝河貫一・津田左右吉

朝河貫一『大化改新』の今日的意義

第二次世界大戦後門脇禎二（一九二五〜二〇〇七）に代表されるような日本書紀を否定する論調が一世を風靡したが、その半世紀前に朝河はイェール大学に提出した学位論文でこう説いていた。「七〇一年の大宝律令には前文があり、これは改新の半世紀後に改新の任務を異なる面から提議し完成させたものである。たぶん一部は中国の法をより深く知ったからであり、一部は大建設期に得られた経験のためである」「しかしながら六四五年の法令を七〇一年の法令から推論することは、ときには危険をともなうこともある。『日本書紀』（七二〇年）の断片的な記述は、資料だけでなく論理的関連もひどく不完全なので、法令の記述を参照して特定の問題に対する改新政策を導いた意図と全体的政策への示唆を求めることは正当化されよう。資料が不十分であるか、不完全な時に、六四五年と七〇一年の間に横たわる思想のギャップを埋めるために、政治的経済的基礎から推論することは許されるが、研究者が批評の領域を飛び越えて解釈の領域に入り込むならば、その解釈において成功するか否かは、最も広範囲な人類学の訓練を受けているかどうかによるであろう」（矢吹訳二一六～一七頁）。

朝河はまたいう。「六四六年に始められた最初の割当が六五二年に完成したことを考えると、着手における時間の長さと困難さは、最初の割当が次の割替までは有効だと考え、次の割替をいつやるかについてはおそらく決めていなかったのではないかと思わせる。なんらかの定期的割替については、少なくとも中国における制度の存在はよく知られていたに違いない。七〇一年の律令はこの点について多くを教えてくれる。一回目の割当から次の割替では六年とするとか、原文上でも制度の面でも問題を残しているが、これを論ずる必要はない。法令から改新までを戻って議論しておくのは危険だと指摘しておけば十分であろう。しかしながら、ある程度の確信をもって推論しておきたいのは、唐の人々が考えていたような年ごとの割替は、六四五年にも七〇一年にもこの期間中にも考えられなかったことである」（矢吹訳二一九頁）。

朝河の以上二つの指摘は、大化改新「虚像」論に対する牽制と読めないであろうか。つまり朝河は「改新之詔のあいまいさ」と大宝律令との関係を考えぬいており、そこから「政治的経済的基礎から推論することは許される」としたが、「研究者が批評の領域を飛び越えて解釈の領域に入り込む」ことは厳しく戒めたのである。大宝律令を根拠として改新「虚像」論に飛躍した戦後史学の軽率さにあらかじめクギを刺しておいたように感じられてならない。

このような朝河史学に接した眼で津田左右吉（一八七三〜一九六一）史学を読むと、その限界がくっきりと浮かびあがる。津田の「本文研究」なるものは、「造作」や「捏造」批判に終始して、そこから大化改新の実像を描くことにほとんど失敗していることは、たとえば次の引用箇所を一読して明らかであろう。「（改新の）詔勅が書紀の編者の造作したものらしいことから考えると、この記事は疑わしいものではあるまいか」「詔勅を記すについて「仍詔曰」といっているにかかわらず、其の内容はこの記事とは連絡のないものであるが、これもまたこの記事の全体が信じがたいものであることを示している」（全集版一六〇頁）。「あるいはこの記事には、書紀の編者が詔勅を潤色した場合に生じた何等かの混乱があるのかもしれぬ」（一六二頁）。

では朝河は『日本書紀』をどう読んだのか。「『日本書紀』には最初の頁から時代錯誤の外国の事柄が多く、出来事の細かい年月日が書かれているが、西暦五〇〇年以前については日付がないので、考証なしに受け入れることはできない」（矢吹訳二六九頁）。「同書編纂者の根本的な偏向は、人々に歴代天皇の治世の権威を示すことにあるが、個々の記述を無視してよい理由はほとんどない」「『日本書紀』の記述は六九七年以後より完璧になる」（矢吹二七〇頁）。「編纂者が未消化のまま史料を大量に残してくれたことに対してわれわれは感謝すべきであろう。これらは次代の研究者たちにとってそれぞれの教養にしたがって、みずからの結論を導くことのできる貴重な遺産である」(矢吹訳二七一頁)。津田が「造作・捏造」と書いた箇所は、朝河によれば「不完全な記述、あるいは断片的記述」であり、これについての朝河の見解は、つぎのようなものである。「改新についての不完全な記述から生ずる疑問は、二つに分類できる。一つは断片的な記述をどのように理解すべきか。もう一つは記述されている新律令が実際に行われたのか、である。この疑問は、改新派の意図はなにか。改新の実際の内容は何か、に分けられる」(矢吹訳二七一〜七二頁)。

では、大化改新とは何か、改新の帰結は何か、という問いに対して朝河はズバリ、こう答える。「改新とは中国の政治教養の導入にほかならない」。「これを『日本書紀』の情報に期待することはできない」。朝河の見識あるいは視野と津田の決定的な差異は、ここにある。

津田は、『日本書紀』読みの『日本書紀』知らず、その構図を絵に描いたごとくである。細部にどこまでもこだわる結果、土地兼併の弊害や豪族の権力闘争など、あれやこれや常識的な原因探求に努めるが、朝河のように「中国の政治教養の導入」といった国際的視野はほとんど欠けている。唐という国家を忘れているわけではないが、朝河の国際情勢認識とは雲泥の差である。

朝河はいう。「改新の帰結は、改新の原則と歴史的意味への洞察から論ずべきであり、それは大宝律令や令義解から分析できる」（矢吹訳、二七一～七二頁）。津田は「何故にかくの如き制度の変革が行われたのであろうか」（全集版、一六六頁）と自問自答するが、的確な答えは見出せない。大化改新に対する問題意識、その基本的な位置づけを見ただけで、二つの大化改新論の学問的レベルは一目瞭然であろう。朝河のそれは確かに名門イェール大学の博士論文にふさわしい。これに対して、津田の論文はほとんど中学生の作文レベルではないか。

歴史にifはないが、仮に朝河の大化改新論が英文で発表されたあと、翻訳されていたならば、大化改新研究だけではなく、古代史研究は百年の回り道を避けられたのではないか。一つのエピソードを書き留めておきたい。ＮＨＫスペシャル「大化改新　隠された真相～飛鳥発掘調査報告～」（二〇〇七年二月二日ＮＨＫ総合テレビ放映）への疑問である。この番組は、戦後史学の到達点である大化改新虚構論に立って、飛鳥発掘調査の結果があたかも、虚構説を裏付けるかのごとき、強引な解釈を重ねている。だが、朝河に学んで『日本書紀』を読んだ者の目には、まさにこれらの考古学の成果は、『日本書紀』の記述と符合するのであり、津田史学の破産を示すものというほかないのである。

朝河史学の成果に照らして、津田史学の個々の論点を点検する余裕はないが、二つの代表的論点だけは、まず紹介しておきたい。

論点1　**単一部族論**

津田曰く、「わが国が一つの民族によって成り立っているものであり、民族国家であることは、明らかな事実であるとともに、国家の結合の強固であることの根本的理由である」

「天皇皇族及び諸家の私有民、すなわち品部入部また部曲の民といわれたものは、明らかに良民であった。彼等は決して諸家のヤッコ、すなわち奴隷ではなかった」「ヤッコが家つ子の義であるとすれば、家々で親しく使役される者の呼称である」（大化改新研究第七章）。津田はまた「建国の事情と万世一系の思想」（一九四六）で「万世一系の皇室という観念の生じまた発達した歴史事情」を説明して、「上代の日本は甚だ平和であったが、これはその根底に日本民族が一つの民族であるという事実があったと考えられる」と指摘している（文庫、二九四頁）。

この問題に対する朝河の見解は、次のごとくである。

「長い日本史において繰り返し現れるこの概念の重要な要素は、有名な単一民族論である。この説によれば、全国民は単一部族の子孫であり、最も古い系譜の最も年長者が天皇である。それゆえこの概念によると、国民は家族であり、天皇は家父である。初代天皇が即位するはるか以前、先祖は天界かあるいは地上のどこかで統治していたが、人々の伝承によれば、高天原に降臨したといわれる。それから長子が九州島に降りてきて、別の者が出雲を支配し、別の者が本州の大和を所有した。初代天皇が東方へ征服のために移動したとき、あらゆる重大な抵抗は出雲と大和の部族とその子孫や味方から起こったが、彼らは結局征服者の親戚知己であった。その後、多くの朝鮮人と中国人が帰化した。そして北と南のより多くの未開人が土着の人々と共に同化されたが、彼らは大海の一滴のように、容易に吸収されるか混合されるほどささいなものであった。これが単一部族論の大枠である。この理論はどう見ても、虚構であることは言うまでもない」。「古代の記録に基づいたものではなく、権威ある説明でもない。天皇が主権の起源を宣言する祝詞のなかにも、虚構への言及はない。明治天皇は一八八九年に帝国憲法を公布した時に、自身の口からはほとんど言及しなかった。大和が征服されたとき、虚構の威力がかなり大きかったことが分かる。一方では、征服者は真偽は別として、少なくとも彼らの先祖は元々単一の部族に属したという伝統に縛られていた。他方で被征服者は相対的に数が少ないか、あるいは比較的に文化が低いために、天皇とその従者による支配が達成され、その後支配の正当性が問われることはなかった」。

「とするならば、この状況は支配的種族としての部族の位階制の純粋さが着実に虚構となるにつれて、その権力を失ったに違いない。大化改新後の日本に、外国起源であり血縁とはまったく異なる政治原則が樹立されたときに、もはや有効性は失ったであろう」。「条件の他の部分についていえば、国が小さく人口密度が小さいことは、その存在を疑うことと同じではない。確かに日本の大きさと島である事実は、政治発展のいかなる議論においても見失ってはならない」(『大化改新』矢吹訳一五～一六頁)。単一部族論(one tribe theory)を肯定する津田と否定する朝河の対照は、明白である。

論点2　征服の有無

津田は征服の有無についてこう書いている。「その第一は、皇室が日本民族の外から来てこの民族を征服し、それによって君主の地位と権力とを得られたのではなく、民族の内から起って次第に周囲の諸小国を帰服させられたこと、また諸小国の帰服した情勢が上にいったようなものであったことへの、自然のなりゆきとして、皇室に対して反抗的態度をとるものが生じなかった、ということである」(岩波文庫『歴史論集』二九四頁)。朝河曰く「もう一つの理由は征服であった。日本は天皇の先祖によって征服されて、国家は征服の結果であるという純粋で簡単な必要性のために、この事実が強調されたと思われる。この事実は、剣が天皇の徽章とされる伝統によって象徴される。さらに伝説では出雲の神がその領土を明け渡したとき、矛を征服者に差し出している。曰く「この矛によって、私はついに成功した。もし天の子孫がこの矛を用いて領土を支配するならば、彼は疑いなく平定するであろう」。同様に、最初の天皇がさまざまな部族と戦ったとき、剣は領土を治めるため天から贈られたものである。これら美化された伝統が、事実に基づくか否かはともかく、少なくとも象徴的ではある。それは厳しく戦われ、厳しい勝利によって初代の天皇が勝ち得たものであり、その事実はいかなる国でも政治哲学に最も深い印象を残すものである」（『大化改新』一七〜一八頁）。

二人の史家の大きな違いは、ここから明らかであろう。以下、もう少し詳しく、いくつかの論点を見ておきたい。

論点3　『日本書紀』テキストの不備について

津田は『日本書紀』の「本文研究」の重要性をこう指摘した。「書紀の記載を其のままに受取らずして、先ず其の本文研究を試み、記事の整理を行い、それによって論を立てようとした」（全集三巻二九五頁、傍点は矢吹、以下同じ）。津田自身は『日本書紀』への疑問を少なからず列挙したが、大化改新については、積極的な「論を立てる」には至らなかった。

しかし、津田の懐疑主義の流れを汲む人々の間から戦後、改新「虚構」論、はては聖徳太子「虚構」論さえ登場した。これは津田の尻馬に乗った軽薄な歴史家たちの迷論ではあるが、その源流は津田史学にあると見てよい。このような亜流を生み出したことは、津田史学の破産を示すもの、と私は解釈する。

「（改新の）詔勅が書紀の編者の造作したものらしいことから考えると、この記事は疑わしいものではあるまいか」（全集三巻一六〇頁）。「詔勅を記すについて「仍詔曰」といっているにかかわらず、其の内容はこの記事とは連絡のないものであるが、これもまたこの記事の全体が信じがたいものであることを示している」（全集三巻一六〇頁）。「この記事には、書紀の編者が詔勅を潤色した場合に生じた何等かの混乱があるのかもしれぬ」（全集三巻一六二頁）。「大錦冠は書紀によれば大化三年に定められた冠の名であり、また増封は封戸の制のまだ定まっていなかったはずのこの時には、決してあるべからざることであるから、これらは書紀の編者の造作したものに違いない」（全集三巻一七〇頁）。「封戸のことは全くの捏造であろう」、「孝徳紀には、その他にも造作せられた記事があることを参考すべきである」、「詔として「計従事立云々」とあるなどは、やはり編者の造作である」（全集三巻一七一頁）。

これらの引用のように、津田は随所で「造作」「疑わしいもの」「信じがたいもの」「潤色」「捏造」を繰り返している。では古典に見られる記述の不備を朝河はどのように扱ったであろうか。朝河はこう指摘している。重複するが再度引く。「『日本紀』には最初の頁から時代錯誤の外国の事柄が多く、出来事の細かい年月日が書かれているが、西暦五百年以前については日付がないので、考証なしに受け入れることはできない」（朝河『大化改新』矢吹訳二六九頁）。「同書編纂者の根本的な偏向は、人々に歴代天皇の治世の権威を示すことにあるが、個々の記述を無視してよい理由はほとんどない」。「『日本書紀』の記述は六九七年以後より完璧になる」（同二七〇頁）。「編纂者が未消化のまま史料を大量に残してくれたことに対してわれわれは感謝すべきであろう。これらは次代の研究者たちにとってそれぞれの教養にしたがってみずからの結論を導くことのできる貴重な遺産である」（同二七一頁）。朝河は「未消化の史料」に感謝しつつ、みずからの「教養にしたがって」結論を導いた。この学問的態度は、古典のあら探しに終始する津田のスタンスとは大違いだ。「改新についての不完全な記述から生ずる疑問は、二つに分類できる。一つは断片的な記述をどのように理解すべきか。もう一つは記述されている新律令が実際に行われたのか、である。この疑問は、改新派の意図はなにか。改新の実際の内容は何か、に分けられる」（同二七一〜七二頁）。

論点4　憲法一七条について

「聖徳太子と政治上の制度改革とを連想することは、憲法一七条の制定説話が一因をなしているかもしれない」（全集三巻二九二頁）。「これは本文批判の上から大化改新以後の作としなければ解し難い」（全集三巻二九三頁）。「（法王帝説においては）一七条法の製作はここで爵位の制定と連記されているが、爵位については、別に前の方にやや詳しい記載があるのに、そのあたりには一七条のことが全く見えていない」（全集三巻二九四頁）。「主要な事績はその前に列挙されており、爵位の制定のこともそのうちにあるにかかわらず、憲法のことがそこには記載されていない」（全集三巻二九四頁）。「太子の憲法制定説が古い記録には見えずして後になって現れたものであるということを、これによって推測しても大過はなかろう」（全集三巻二九四頁）。「少なくとも、法王帝説に記載されているということは、決して古くからの伝説であることを証するものではない」（全集三巻二九四頁）。「けれども、それが書紀の完成前からあったものであることは、ここにその制定の時期を乙丑年の七月としてあり、書紀とは違う」（全集三巻二九四頁）。「偉人視された史上の人物に種々の事業が仮託されることは、普通のことであるから、憲法制定もまた同じ事情から太子に附会された」（全集三巻二九五頁）。「こう考えてくると、太子と大化改新とを結びつけて考えることの根拠は、おのずから失われたはずである」（全集三巻二九五頁）。

津田は『日本紀』よりも古い史料である『法王帝説』と比較してさまざまな考証を行った。なるほど『法王帝説』は、日付も書紀とは違い、法王帝説の記録としての古さを示すが、そこで太子の「主要な業績」の箇所ではなく、後の箇所に書かれている事実だけから「一七条憲法を太子に附会されたもの」、「大化改新と太子を結びつける根拠が失われた」と強弁するのが津田の考証である。これは大胆すぎる推理であろう。津田は大化改新を疑い、一七条憲法との影響関係を疑うが、ともに推測、憶測の域を出ない。

ちなみに朝河は「十七条憲法」について、次のようにコメントしている。「これは六〇四年に編纂されたといわれる。この文書は、その本質、すなわち天皇制度に触れていない点に最も注目すべきである」(矢吹訳一九二頁)。「「国家」は三つの条文に現れるが、これは通例の中国的表現である。注目すべきは、公と私であり、天皇に属すものが「公」であった」(矢吹訳一九三頁)。「国家観念は日本ではまだ発達しておらず、天皇が国家の前身であった。「国には二人の主君なし、役人はすべて臣下である」。これは日本の準部族的階層構造の直接的否定である」(矢吹訳一九二頁)。「主権者の地位は、拡大されたが、厩戸皇子は中国の文言を繰り返していただけであり、それは彼の意図ではなかった。いわゆる憲法が当時の実際の政治に与えた影響は、確認できない。事態はあたかも憲法がなかったかのように推移し、蘇我氏は天皇自身の玉座を覆そうとしたときに、突然忠実な支持者の陰謀

（大化改新）の犠牲になった」（矢吹訳一九四頁）。

論点5　班田の施行について

津田は班田についていう。「大化元年九月の詔勅に土地兼併のことが説いてあるが、この詔勅は書紀の編者の造作したものであって、当時のものではなかろう」（全集三巻二四一頁）。「現存の田令によると、郡の大領小領の職分田が大国の守介よりも遥かに多いが、近江令から継承された規定ではあるまいか」（全集三巻二四二頁）。「均田制の知識がなかったならば、田の国有は企画されなかったであろう」（全集三巻二五二頁）。「後に墾田の私有を許したのも、私有財産の観念が強固なためで、この墾田私有の法が田の班田制の効果を減殺した」（全集三巻二五七頁）。

朝河のコメントはこうである。「六四六年に始められた最初の割当が六五二年に完成したことを考えると、着手における時間の長さと困難さは、最初の割当が次の割替までは有効だと考え、次の割替をいつやるかについてはおそらく決めていなかったのではないか」。「定期的割替については、中国における制度の存在はよく知られていたに違いない。七〇一年の大宝律令はこの点について多くを教えてくれる」。「一回目の割当から次の割替では六年とするとか、原文上でも制度の面でも問題を残しているが、これを論ずる必要はない。

大宝令から改新までを戻って議論しておくのは危険だと指摘しておけば十分であろう」（大化二一九頁）。朝河は史料から何を読み取るのか、何を読む必要がないのか。その境界・限界を明確に自覚して史料を扱っていることが理解できよう。いたずらに記述の矛盾を列挙することが史料批判ではないのだ。

論点6　大化改新とは、そもそもなにか

津田は、そもそも大化改新とは何か。なぜそれが行われたのかについて、「何故にかくの如き制度の変革が行われたのであろうか」（全集三巻一六六頁）と疑問を提起するが、単に疑問を提起するのみで、明確な答えを出せない。『日本書紀』のなかに答えを見出そうとするからだ。朝河の見解は、きわめて明確だ。「改新とは中国の政治教義の導入にほかならない」。「これを『日本書紀』の情報に期待することはできない」。「改新の帰結は、改新の原則と歴史的意味への洞察から論ずべきであり、大宝律令や令義解から分析できる」（大化二七一〜七二頁）。朝河によれば、そもそも「なぜ大化改新か」、という疑問を『日本書紀』に求めることはできないのである。一群の人々の政治的行為の真の意味は「その帰結」から洞察するほかないというのが朝河の見識であった。

＊

朝河貫一（一八七三〜一九四八）は、イェール大学院で「大化改新：西暦六四五年の政治改革」を発表して、歴史学博士号を得て、母校ダートマス大学講師になった。折しも日露衝突は風雲急を告げ、彼は祖国の窮状を憂いつつ『イェール大学評論』（一九〇四年五月号）に「日露関係の諸問題」を寄稿した（矢吹晋編訳『ポーツマスから消された男』東信堂、二〇〇二年、八三頁）。朝河の韓国問題認識は、以下に批判する白鳥庫吉等に代表される時代の風潮とは、天と地ほどの違いがある。

朝河は言う。①日本にとって韓国の重みは、日本の活力の半分以上のものである。韓国が開国されるのか鎖国されるのか、強化されるのか弱体化するのか、独立できるか没落するのか、その帰趨によって日本の運命が決まる。②対するロシアは、まず満洲、ひいては韓国まで手に入れることによって、東方を支配する海軍と通商基地を排他的政策に基づいて建設するであろう。加えて国家たらんとする日本の野心をくだき、飢餓と衰退に導き、日本の政治的併合さえ企むであろう。③日本の観点から見ると、韓国・中国は内外の企業に対して等しく門戸を開放されるべきだ。その目的のためには、独立を堅持し、内部開発と自己改革によって、自らをより強化しなければならない。④日本は韓国の独立を認めた最初の国である事実を忘れてはならない。そのためにこそ、日清戦争という犠牲を払ったのだ。⑤現在の日露戦争も同じ課題のために戦われている。というのは、韓国の独立は日本の死活に関わるからだ。⑥それゆえ韓国が別の国ロシアの手に落ちないように、日本が韓国を併合すべきだという主張には断じて与することはできない。⑦もし韓国がほんとうに自らの脚で立つことができないならば、その解決策は「併合ではない。韓国の資源を開発し、国家を再編成し強化することによって、真の独立を可能にすることなのだ」。

朝河貫一の透徹した東アジア国際情勢認識および日本の採るべき道についての彼の主張の核心は、この引用から読み取れるであろう。日露戦争当時に『イェール大学評論』に発表され、次いで英文著書『日露衝突（The Russo-Japanese Conflict）』に収められた朝河の主張にもかかわらず、当時の日本政府は一九一〇年、遂に朝鮮併合を断行した。

結び　中国を知ることで日本を知る

朝河貫一は、歴史科学は赤い炎よりも、真実の白い光を好む。But science will always prefer the white light of truth to the red glare of such a flame.（Japan Old And New: An Essay on what New Japan owes to the Feudal Japan, the Journal of Race Development, vol. 3 no. 1, July, 1912.）と喝破したが、韓国併合を目前にしてナショナリズムに幻惑された日本国民は、朝河の箴言とは逆に「赤い炎」を好んだ。白鳥庫吉は、邪馬台国を九州に比定して、このような時代風潮に迎合することによって、致命的な誤りを犯した。白鳥はまぎれもなく「時代の子」であり、それゆえにこそ、この論文は論文自体としては大失敗作にも拘《かかわ》らず、権威としてもてはやされ続けたのではないか。

問題はむしろ第二次世界大戦後である。というよりも二一世紀の今日だ。皇国史観というキーワードは、ほとんど死語になっている。しかしながら、皇国史観というイデオロギーは、依然生きている。たとえば、保守党の元総理が日本は神の国だ、等々口走る現象は、いまも絶えない。

しかしながら、朝鮮併合一〇〇年を経ても、未だに北朝鮮と国交正常化が成っていない現実を直視しつつ、日本帝国主義史学をより深く批判し、これを克服する課題は、焦眉の急である。

二〇二四年六月、朝鮮戦争七四年記念日を前に記す。

矢吹晋

やぶき すすむ

1938年福島県郡山市生まれ。県立安積高校在校時に朝河貫一を知る。1958年東京大学教養学部に入学し、第二外国語として中国語を学ぶ。1962年東京大学経済学部卒業。東洋経済新報社記者となり、石橋湛山の謦咳に接する。1967年アジア経済研究所研究員、1971～1973年シンガポール南洋大学客員研究員、香港大学客員研究員。1976年横浜市立大学助教授・教授を経て、2004年横浜市立大学名誉教授。21世紀中国総研ディレクター、公益財団法人東洋文庫研究員、朝河貫一博士顕彰協会会長等を歴任。

著書は単著だけでも40書を超え、共著・編著を合わせると70書をゆうに超える。著作選は『チャイナウオッチ』全5巻+別巻（未知谷）。朝河貫一の紹介・論評としては、『ポーツマスから消された男——朝河貫一の日露戦争論』（東信堂、2002年）、『入来文書』（柏書房、2005年）、『大化改新』（同上、2006年）、『朝河貫一比較封建制論集』（同上、2007年）、『中世日本の土地と社会』（同上、2015年）、『明治小史』（『横浜市立大学論叢』、2019年）の6書、朝河を主題とする『朝河貫一とその時代』（花伝社、2007年）、『日本の発見——朝河貫一と歴史学』（同上、2008年）、『天皇制と日本史——朝河貫一から学ぶ』（集広舎、2021年）など。

邪馬台国《やまたいこく》は大和《やまと》　卑弥呼《ひみこ》は百襲姫《ももそひめ》

歴史は捏造される

2024年 6 月20日初版印刷
2024年 7 月 5 日初版発行

著者　矢吹晋
発行者　飯島徹
発行所　未知谷
東京都千代田区神田猿楽町 2 丁目 5-9　〒 101-0064
Tel. 03-5281-3751 / Fax. 03-5281-3752
［振替］　00130-4-653627

編集協力　（株）デコ

組版　柏木薫
印刷　モリモト印刷
製本　牧製本

Publisher Michitani Co, Ltd., Tokyo
Printed in Japan
ISBN 978-4-89642-731-8　C0021